Sander de Hosson
Els Quaegebeur

Mehr Leben in den letzten Tagen

Wie gutes Sterben gelingen kann

Aus dem Niederländischen übersetzt von Bärbel Jänicke

Patmos Verlag

VERLAGSGRUPPE PATMOS

PATMOS
ESCHBACH
GRÜNEWALD
THORBECKE
SCHWABEN
VER SACRUM

Die Verlagsgruppe
mit Sinn für das Leben

**Nederlands letterenfonds
dutch foundation
for literature**

Die Übersetzung dieses Buches wurde von der niederländischen Stiftung für Literatur gefördert. Der Verlag bedankt sich für die freundliche Unterstützung.

MIX
Papier | Fördert gute Waldnutzung
FSC® C083411

Die Verlagsgruppe Patmos ist sich ihrer Verantwortung gegenüber unserer Umwelt bewusst. Wir folgen dem Prinzip der Nachhaltigkeit und streben den Einklang von wirtschaftlicher Entwicklung, sozialer Sicherheit und Erhaltung unserer natürlichen Lebensgrundlagen an. Näheres zur Nachhaltigkeitsstrategie der Verlagsgruppe Patmos auf unserer Website www.verlagsgruppe-patmos.de/nachhaltig-gut-leben

Bibliografische Information der Deutschen Nationalbibliothek
Die Deutsche Nationalbibliothek verzeichnet diese Publikation in der Deutschen Nationalbibliografie; detaillierte bibliografische Daten sind im Internet über http://dnb.d-nb.de abrufbar.

Verlagsgruppe Patmos in der Schwabenverlag AG, Ostfildern
www.verlagsgruppe-patmos.de

Umschlaggestaltung: Finken & Bumiller, Stuttgart
Gestaltung, Satz und Repro: Schwabenverlag AG, Ostfildern
Druck: CPI books GmbH, Leck
Hergestellt in Deutschland
ISBN 978-3-8436-1515-0

Mehr Leben in den letzten Tagen

Für alle, die sterben

„Aus einer hartnäckigen Vorahnung des großen Zusammenbruchs heraus erfanden wir immer wieder Hoffnung."

Don DeLillo, *Weißes Rauschen*[1]

Inhalt

Geleitwort

Gebet für einen Arzt

In Gottes Namen, Doktor, richten Sie uns auf. Die Luft hier ist zu schwer und wir
schrumpfen unter diesen Zahlen. Die Aussicht auf die Bäume draußen,
den tristen Teich, das Kunstwerk, das auf dem Platz rostet,
die Wolken, die an die Fenster klopfen –
Ziehen Sie den Vorhang zu, Doktor. Sprechen Sie leise, sprechen Sie im Dämmerlicht,
sagen Sie, dass Sie noch etwas tun werden, sagen Sie, dass es eine Chance gibt
hinter diesen Aufnahmen, hinter dieser Innenansicht, die
bedrohlich vor dem Leuchtkasten hängt, sagen Sie etwas wie
„die Wissenschaft macht täglich Fortschritte".
Lächeln sie einen Moment lang. Zuversichtlich. Legen Sie gelehrte Überzeugungskraft
in Ihre Stimme, machen Sie deutlich, dass Sie den Feind kennen, berichten Sie von einem
halb erfundenen Wunder, sagen Sie, dass Sie einen Ausweg sehen.
Es gibt noch so viele Menschen. Die meisten von ihnen
brauchen wir nicht. Auf die meisten können wir verzichten,
aber nicht auf diesen, Doktor. Auf diesen nicht.

Ester Naomi Perquin, aus ihrer Sammlung Ongevraagd advies (Unerbetener Rat)[2]

Sehen sich Menschen und ihre Angehörigen mit einer unheilbaren Krankheit konfrontiert, kommt einiges auf sie zu. Die Welt wird plötzlich von medizinischem Personal, Scans, Behandlungen und Nebenwirkungen dominiert. Abgesehen von den körperlichen Beschwerden, unter denen die Betroffenen leiden, bringt die Konfrontation mit der Endlichkeit des Lebens einiges an Unsicherheit,

Hoffnung und Verzweiflung mit sich. Wie wird mein Leben von nun an aussehen? Werde ich Schmerzen haben? Wie lange habe ich noch? Wie gut wird es mir noch gehen?

Die Palliativversorgung ist das Fachgebiet, das sich mit der gesundheitlichen Fürsorge für Patienten befasst, die an einer unheilbaren, letztendlich tödlichen Krankheit leiden, wobei man auch ein besonderes Augenmerk auf die Angehörigen legt. Ungeachtet dessen, dass der Tod unausweichlich ist, ist für die Palliativversorgung der Schwerpunkt das Leben bzw. die Lebensqualität. Deshalb haben wir unser Buch *Mehr Leben in den letzten Tagen* genannt, ein Titel, der auf einen berühmten Ausspruch der britischen Krankenschwester Cicely Saunders zurückgeht, einer Pionierin der Palliativpflege und Gründerin des weltweit ersten Hospizes. Sie erklärte, dass das Ziel einer guten Pflege für Patienten, die dem Tod entgegensehen, darin bestehe „to add life to their days, not days to their lives" („ihren Tagen mehr Leben zu geben, nicht ihrem Leben mehr Tage").

Die Beschäftigung mit Sterben und Tod hat im medizinischen wie sozialen Bereich lange Zeit keine bedeutende Rolle gespielt. Es galt die Grundannahme, dass die Medizin die Menschen gesund macht. In der Ausbildung von Fachkräften im Gesundheitswesen nahm die Palliativmedizin allenfalls einen begrenzten Platz ein. Dieses Bild ist im Wandel begriffen: In den vergangenen zwei Jahrzehnten hat die Palliativmedizin auch in der Ausbildung immer mehr Beachtung gefunden, wenngleich hier noch ein weiter Weg zu gehen ist.

Ich möchte zur Professionalisierung der Palliativversorgung beitragen. Das Wissen um die Existenz und die Möglichkeiten der Palliativversorgung kann beruhigend wirken. Das war der Anstoß für die Veröffentlichung dieses Buches, das Els Quaegebeur in enger Zusammenarbeit mit mir geschrieben hat. Es ist auf der Grundlage der vielen Gespräche entstanden, die wir miteinander und mit anderen geführt haben.

Das Ergebnis ist eine Beschreibung des Krankheits- und Sterbeprozesses aus der Sicht eines Arztes, der sich um die Behandlung von Lungenpatienten kümmert, aber auch Mitglied eines Palliativteams in seinem Krankenhaus ist. Dabei folgen wir einem chronologischen Weg, den Menschen in der Regel durchlaufen: vom

Erhalt der schlechten Nachricht über die Phase des Krankseins bis hin zur Sterbephase und der Zeit danach. Zur Veranschaulichung sind viele individuelle Krankheitsgeschichten in die Betrachtung mit eingeflossen.

Wir sind allen, die zu diesem Buch beigetragen haben, zu großem Dank verpflichtet, vor allem den Menschen und ihren Angehörigen, deren Geschichten in diesem Buch beschrieben werden. Alle Schilderungen der Personen wurden anonymisiert, und wo das möglich war, haben wir ihre Zustimmung eingeholt. Sodann danken wir den Experten, mit denen wir Gespräche über ihr Fachgebiet geführt haben: Carlo Leget, Manu Keirse, Mustafa Bulut, Jannie Oskam, Margot Verkuylen, Bas Bekkers, Ineke Visser, Joyce de Bruin, Marike de Meij und Kees Veldboer jr. Wir danken der Roparun-Stiftung und dem Astrid Maakt Mogelijk-Fonds für die finanzielle Unterstützung, die sie diesem Projekt gewährt haben.

Lasst uns über den Tod sprechen, denn wer den Tod sieht, sieht das Leben.

Groningen, März 2023
Sander de Hosson

1. „Austherapiert" gibt es nicht
Unheilbare Erkrankungen und die vier Bereiche der Palliativversorgung – eine Einführung

Jonas ist ein 85-jähriger Mann. Ein großer, kräftiger Kerl. Er hat immer hart im Gartenbau gearbeitet und weiß alles über Pilze. Nach seiner Pensionierung ging er oft auf Pilzsuche. Er sammelte sie nie, sondern beobachtete und fotografierte sie nur. Manchmal allein, oft mit seiner Frau Lien, die er kennt, seit er 15 war. Sie ist ebenfalls 85, sieht aber aus wie 70.

In letzter Zeit hat Jonas so sehr mit seiner Gesundheit zu kämpfen, dass er nicht mehr in den Wald gehen kann. Es ist keine bestimmte Krankheit, die ihn plagt. Er leidet an dem, was sein Hausarzt eine „Anhäufung von Altersbeschwerden" nennt. Verschleiß, sagt Jonas selbst. Der Gang zum Bäcker drei Straßen weiter ist eigentlich schon zu anstrengend für ihn. Er hat oft Fieber, und von seinem ehemals beeindruckenden Appetit ist nur noch wenig übrig. Immer öfter liegt er den ganzen Tag auf dem Sofa. Dann trinkt er viele Tassen Tee mit Milch und Zucker, als ob er Engländer wäre, und liest Bücher über die Natur. Die interessantesten Stellen liest er Lien laut vor.

Als Jonas eine schwere Lungenentzündung bekommt, die trotz der Einnahme von Antibiotika nicht besser wird, muss er ins Krankenhaus. Das hilft ihm nicht. Sein Zustand verschlechtert sich noch schneller, er wird sich davon nicht mehr erholen. Sein Krankenbett ist zu einem Sterbebett geworden. Sander kommt, um ihm die schlechte Nachricht zu überbringen. Das Ehepaar nimmt es tapfer auf. „Wir haben das selbst schon gespürt", sagt Jonas.

Inzwischen ist es spät am Abend. Alle sind müde. Lien kann sich kaum noch auf den Beinen halten, doch sie will ihren Mann nicht allein lassen. „Möchten Sie vielleicht zusammen in einem Pflege-Doppelbett liegen?", fragt Sander. Er erklärt, worum es sich dabei handelt: ein verstellbarer Rahmen mit einer speziellen, damit eng verbundenen Matratze, die ein normales Krankenhausbett im Handumdrehen in ein richtiges Doppelbett verwandelt.

Bisher ermöglichen es meistens Wohltätigkeitsorganisationen, dass solche Betten in Krankenhäusern und Pflegeeinrichtungen hin und wieder verfügbar sind, aber eigentlich sollte das der Normalfall sein, erklärt er: „Eine unbürokratische Fürsorge rund um das Sterben wäre wirklich zu begrüßen." Jonas und Lien können dem nur zustimmen. Sie wollen gerne im Pflege-Doppelbett liegen. Lien fährt nach Hause, um ein Nachthemd und eine Zahnbürste zu holen. Eine Dreiviertelstunde später liegen sie eng aneinander gekuschelt unter der Bettdecke. Lien liest Jonas noch kurz aus der Zeitung vor, im Licht einer dieser Leselampen, die man sich um den Hals hängen kann.

Um drei Uhr nachts kommt eine Krankenschwester, um nach dem Rechten zu sehen. Es ist still im Zimmer. Während Jonas im Sterben liegt, schläft Lien eng an ihn geschmiegt, ihre Atemzüge sind eins.

Lassen Sie mich mit einer aufschlussreichen Beobachtung beginnen. Wenn man hundert Passanten auf der Straße fragt, was Palliativversorgung ist, sagen sie alle: die Versorgung todkranker Menschen in der letzten Lebensphase. Damit meinen sie Sterbebegleitung, medizinische Hilfe in den letzten Tagen (höchstens zwei Wochen) des Lebens. Meistens haben sie vor allem die Morphinpumpe im Kopf: Wird es für einen Sterbenden zu schwer, muss die Morphingabe erhöht werden; denn das ist das Beste, was man für einen Sterbenden tun kann, denken sie.

Das stimmt nicht. Erstens ist Sterbebegleitung nur ein Teilbereich des palliativen Prozesses. Zum richtigen Zeitpunkt eine wohlüberlegte, keinesfalls zu hohe Morphindosis zu verabreichen, kann sicher dazugehören, aber da gibt es noch so viel mehr zu tun. Und es braucht auch deutlich mehr Zeit und Aufmerksamkeit, als man denkt.

Die Palliativversorgung beginnt an dem Tag, an dem jemand erfährt, dass er oder sie an einer unheilbaren, letztlich tödlichen Krankheit leidet.

Der Zeitraum zwischen dem Gespräch über die schlechte Nachricht und dem Sterben kann sehr lang sein, vor allem heutzutage, da die Entwicklung von lebensverlängernden Medikamenten rasant voranschreitet.

Zweitens hat Palliativversorgung wesentlich ganzheitlichen Charakter. Als Arzt schaut man nicht auf einen Tumor, nicht auf Metastasen, nicht auf einen Patienten; man schaut auf einen Menschen, der unheilbar krank und Teil eines eigenen Biotops ist. Ich sage den Praktikanten immer: Wenn jemand Schmerzen hat, kann man Morphin geben, doch das reicht selten aus. Man muss auch darauf achten, wie die Person mit den Schmerzen umgeht. Psychosoziale Aspekte spielen zum Beispiel eine gravierende Rolle bei Schmerzen und Atemnot, den beiden Beschwerden, die im Sterbebett häufig vorkommen.

Nehmen wir Jonas, Lien und das Pflege-Doppelbett. Es war spät, Jonas hatte überall Schmerzen und das Atmen fiel ihm schwer, obwohl er nicht darüber klagte. Lien war von der Pflege erschöpft. Ich hätte auch sagen können: Lieber Mann, ich gebe Ihnen etwas Morphin. Liebe Frau, gehen Sie ruhig nach Hause, acht Stunden Schlaf werden Wunder wirken. Morgen früh sehen wir weiter. Dann hätten beide eine schlimme Nacht gehabt, auch wenn mein Handeln aus streng medizinischer Sicht korrekt gewesen wäre. Doch was ich tat – Lien und Jonas als ein Ehepaar zu betrachten, das nach 60 Jahren Ehe Abschied voneinander nehmen muss, und deshalb nach einem zwölfstündigen Arbeitstag das Pflege-Doppelbett hervorzuzaubern –, gehört auch zu meinem Beruf. Unheilbar kranke und sterbende Menschen verdienen immer und überall die bestmögliche Palliativversorgung. Das ist es, was ich Lien und Jonas ermöglichte, in der simplen Form eines Bettes, in dem sie für *eine* Nacht oder vielleicht auch zwei oder drei Nächte zusammen liegen konnten.

Gute Palliativversorgung umfasst vier Bereiche:

1. Somatische Versorgung bzw. körperliche Versorgung: Welche Behandlungen können wir Menschen ermöglichen, um ihr Leben sinnvoll zu verlängern? Wie können wir körperlichen Leiden wie Schmerzen und Atemnot vorbeugen bzw. sie bekämpfen?
2. Psychische Aspekte: Liegt eine Depression vor? Spielt Trauer mit hinein? Wie große Angst hat ein Mensch vor dem Tod? Verleugnet er die Situation, in der er sich befindet?
3. Der soziale Bereich: Wie ist die Interaktion zwischen dem Patienten und seiner Umgebung? Beziehungsstress, Probleme mit der Betreuung und Pflege durch die Angehörigen, Einsamkeit,

all das kann den Verlauf der Palliativphase und letztlich das Sterben selbst beeinflussen.
4. Probleme mit der Sinnfindung: Unheilbar kranke Menschen haben das Gefühl, dass ihnen der Boden unter den Füßen weggezogen wird, dass ihnen die Grundlage ihrer Existenz abhandenkommt. Sie vermissen die Farbe in ihrem Leben und sehen keinen Sinn mehr darin: Warum sollte ich noch etwas aus meinem Leben machen? Ich sterbe doch sowieso.

Mit diesen vier Spielfeldern im Hinterkopf müssen Palliativmediziner und -pfleger mit den Stolpersteinen umgehen, auf die unheilbar kranke Menschen stoßen. Ob das nun Atemnot, Übelkeit, Angst, Erschöpfung oder Schlaflosigkeit ist: Alle vier Bereiche sind gleichermaßen wichtig, da sie einander immer beeinflussen. Um den mehr oder weniger gezählten Tagen eines Menschen wirklich mehr Leben zu geben, muss man daher auf jedem Spielfeld mit großer Umsicht agieren.

Ein wesentliches Konzept in diesem Zusammenhang ist die *vorausschauende Versorgungsplanung* (*advance care planning, ACP*) – ein *hot topic* in der Palliativmedizin, auch aus wissenschaftlicher Sicht. Dazu wird viel geforscht. Besonders kompliziert ist sie eigentlich nicht, dafür umso bedeutsamer. ACP besteht aus einer Reihe von Gesprächen zwischen dem Patienten, den Nahestehenden und den beteiligten Ärzten und Pflegekräften in Bezug auf die Wünsche, Sehnsüchte und Grenzen eines Menschen, wobei auch die Grenzen der Medizin thematisiert werden: Was ist medizinisch noch sinnvoll und ethisch vertretbar? Wann treffen verständliche, aber manchmal unrealistische Forderungen eines Patienten auf medizinisch-ethische Grundsätze, die damit nicht mehr vereinbar sind?

Ein erstes ACP-Gespräch sollte stattfinden, kurz nachdem der Patient erfahren hat, dass es schlecht um ihn steht, das letzte solcher Gespräche dann zu Beginn des Sterbeprozesses. Dazwischen sollten Absprachen getroffen werden: Wie geht es jetzt weiter? Sind die Wünsche, Sehnsüchte, Ängste, Sorgen, Probleme und Erwartungen anders als noch vor einem Monat? Was können wir tun? Der britische Arzt, Autor und Pionier der Hospizbewegung Robert G. Twycross sagte in Bezug auf die Lebenserwartung: „Wenn sich die Verschlechterung in Monaten vollzieht, denke in Monaten. Wenn sich die Verschlechterung in Wochen vollzieht, denke in Wochen. Wenn sie sich in Tagen vollzieht, denke in Tagen."

Während der Corona-Pandemie hat die ACP einen regelrechten Boom erfahren, insbesondere in der Zeit *vor* der Omikron-Variante. Bei den Covid-Patienten im Krankenhaus, die sehr alt waren oder eine Vorerkrankung hatten, wussten wir schnell, dass es keinen Sinn hatte, sie an ein Beatmungsgerät anzuschließen. Drei Wochen auf der Intensivstation mit der Delta-Variante hielten Patienten über 80 nicht durch, sie starben während der Beatmung.

Um solche schlimmen Situationen zu vermeiden, wurden plötzlich in den gesamten Niederlanden vor allem von Hausärzten frühzeitig ACP-Gespräche mit Patienten und ihren Angehörigen geführt. Zudem führten viele solche Gespräche auch zu Hause mit ihren älteren und/oder körperlich schwachen Familienmitgliedern, indem sie beispielsweise fragten: Papa, angenommen, du bekämst Covid und es würde dich stark mitnehmen, was würdest du dann wollen? Und was möchtest du auf keinen Fall? Diese Gespräche sollten – und können – wir auch führen, ohne dass eine Pandemie uns unter hohen Handlungsdruck setzt, und zwar mit Blick auf eine hochwertige, humane und unerlässliche Versorgung unserer unheilbar Kranken und Sterbenden.

Aus einer ganzen Reihe von Studien geht hervor, dass Patienten, die eine hochwertige Palliativversorgung erhalten, länger leben, ohne dass die Lebensqualität darunter leidet. Damit werden ihrem Leben sowohl mehr Tage als auch ihren Tagen mehr Leben hinzugefügt. Im Jahr 2010 veröffentlichte die Onkologin Jennifer Temel im *New England Journal of Medicine*, einer renommierten wissenschaftlichen Fachzeitschrift, eine Studie mit zwei Gruppen von Lungenkrebspatienten, bei denen sich Metastasen gebildet hatten. Eine Gruppe erhielt nur die medizinische Standardversorgung, die wir solchen Patienten in den Niederlanden heute zukommen lassen: lebensverlängernde Behandlungen, so lange wie möglich. Die andere Gruppe erhielt neben dieser Behandlung eine aktive *best supportive care*, eine möglichst optimale unterstützende Versorgung: ein Palliativteam, das den Patienten vom Gespräch über die schlechte Nachricht bis zum Sterbebett in allen von uns genannten Bereichen der Palliativversorgung unterstützte. Die zweite Gruppe lebte im Durchschnitt drei Monate länger, und das bei guter Lebensqualität.

Drei Monate, das scheint wenig, doch für einen Menschen mit metastasierendem Lungenkrebs sind diese drei Monate ein enormer Gewinn. Zum Vergleich: Eine neue Immuntherapie, die anschlägt, bringt durchschnittlich genauso viel zusätzliche Lebenszeit. Eine solche Therapie würde sofort zugelassen werden, sie würde als medizinischer Durchbruch, als „Wundermittel" gelten.

Die gute Palliativversorgung, *best supportive care*, erfährt in den letzten Jahren einen bescheidenen Aufschwung. Man schenkt ihr allmählich sowohl von den Verantwortlichen im Gesundheitswesen aus als auch in der pflegerischen und medizinischen Praxis mehr Aufmerksamkeit. Dennoch bestehen nach wie vor große Hindernisse, sowohl in der Struktur als auch in der Kultur unseres Gesundheitssystems.

Was die Struktur anbelangt, so fließt immer noch viel zu wenig Geld in das System. Das gibt man lieber für eine teure Immuntherapie oder eine Pille für Menschen mit einer spezifischen Genmutation aus. Ich will damit nicht sagen, dass wir für solche Dinge kein Geld zur Verfügung stellen sollten, im Gegenteil, aber ich finde doch, dass ein Ungleichgewicht herrscht: *auch* in der Palliativphase wird zu viel Wert auf Medikamente und Behandlungen gelegt. Was nicht zuletzt in finanzieller Hinsicht zu Problemen führt. Denn jeder Cent kann nur einmal ausgegeben werden, und mit der Vergreisung der Bevölkerung und der steigenden Lebenserwartung kommt eine gigantische Welle von Patienten auf uns zu.

Zudem gibt es noch keine Kultur für eine strukturell gute, geschweige denn die beste Palliativversorgung. Sowohl die Ärzte als auch die Patienten und ihre Angehörigen sind auf die (Weiter-) Behandlung fixiert. Angesichts einer unheilbaren Krankheit etwas zu tun, zu handeln, ist immer noch gleichbedeutend damit, möglichst viel zu unternehmen, um die Krankheit für eine gewisse Zeit zurückzudrängen. Bei den Gesprächen mit den Betroffenen merke ich jedoch oft, dass der Tod eigentlich kein so großes Tabu ist. Viele Menschen sind durchaus bereit, darüber zu sprechen, und sie haben auch längst nicht alle so große Angst davor, wie immer behauptet wird. Konzentriert man sich jedoch fast ausschließlich auf lebensverlängernde Behandlungen, bleibt weder Zeit noch Raum, um einen klaren Blick auf das Ende des Weges zu werfen und wirklich Abschied zu nehmen.

Gerard (71) mag Hunde eigentlich mehr als Menschen. Wenn er an seine Kindheit zurückdenkt, sieht er die Hunde vor sich, mit denen er in Drenthe auf dem Land aufgewachsen ist. In seiner Studentenzeit hatte er am Ende des Monats nie Geld übrig, um sich etwas anderes als Kartoffeln zu kaufen, sein Hund bekam jedoch jeden Tag eine abwechslungsreiche Mahlzeit und ein kleines Leckerli.

Gerard hat jetzt zwei Drentsche Hühnerhunde und einen Irish Setter, Jagdhunde, die regelmäßig viel Auslauf brauchen, weil sie sonst vor lauter Energie die Wände hochgehen. Er und sein Mann Floris (seine andere große Liebe) gehen stundenlang mit ihnen spazieren, jeden Tag aufs Neue. Glücklicher als in diesen Momenten kann man Gerard nicht machen.

Doch ein großer Lungentumor mit aggressiven Metastasen setzte seinem fröhlichen Leben mit den Hunden und dem Vertrauen darauf erbarmungslos ein Ende. Die Diagnose (an was Gerard erkrankt ist) und die Prognose (wie es um seine Aussichten auf Heilung und Zukunft steht) sind sehr schlecht, sagt Sander, als Gerard und Floris in seine Sprechstunde kommen, um über den weiteren Verlauf seiner spät entdeckten Krankheit zu sprechen. Gerard hat voraussichtlich weniger als sechs Monate zu leben, mit Einsatz einer Chemotherapie noch einige Monate länger – wenn er sie denn überhaupt durchhält, denn die Therapie ist belastend und Gerard ist bereits extrem geschwächt.

Sander deutet vorsichtig an, dass sich Gerard auch dazu entscheiden könne, keine Chemo zu beginnen und stattdessen eine Form der Palliativversorgung zu wählen. Diese konzentriert sich weniger auf Lebensverlängerung – selbst wenn man dadurch auch Zeit gewinnen kann –, sondern auf den Erhalt von Lebensqualität, die Gerard sehr schätzt. „Ich bin mir sicher, dass Sie dann noch schöne Spaziergänge mit Floris und Ihren Hunden unternehmen können. Im Gegensatz dazu werden sie sich durch die Chemotherapie wahrscheinlich so elend fühlen, dass Sie zum Spazierengehen kaum noch in der Lage sein werden, befürchte ich."

Sie sprechen noch kurz darüber und vereinbaren, dass Gerard und Floris darüber nachdenken werden. Dann gehen die beiden nach Hause. Einen Tag später ruft Gerard Sander an. Sie haben sich entschieden. Es wird die Chemotherapie. „Vielleicht habe ich Glück mit den Nebenwirkungen", sagt er mit einer Mischung aus Angst und Hoffnung in der Stimme. „Und vielleicht schlägt die Therapie bei mir so gut an, dass ich länger Zeit hab. Das ist doch möglich, nicht wahr, Herr Doktor?

Man hört doch öfter von so etwas? Ich bin immer stark gewesen und auch nie krank."

Noch eine aufschlussreiche Beobachtung. Fragt man hundert Menschen auf der Straße, wo sie später sterben wollen, sagen fast alle: zu Hause. Das gelingt aber längst nicht immer. Ein Viertel der Niederländer stirbt im Krankenhaus.[3] Das sind viel zu viele Menschen, auch weil sich darin vor allem widerspiegelt, dass sie sich ziemlich oft bis zu ihrem letzten Lebensmonat Behandlungen unterziehen. Diese Behandlungen tragen oft nicht zur Lebensverlängerung und sicher nicht zur Lebensqualität bei. Dennoch setzen wir sie in großem Umfang fort.

Ein Kulturwandel und der Aufbau eines guten Systems von Palliativversorgung sind eng miteinander verflochten: Um die Palliativversorgung in den ganzen Niederlanden strukturell anzustoßen, ist ein Perspektivwechsel erforderlich. Ist diese Form der Versorgung einmal fest etabliert, wird sie in der Folge zu einem weiteren Kulturwandel beitragen, der unseren Horizont erweitert. Darum geht es in diesem Buch: Wie schaffen wir es, das Sterben als einen Teil unserer Existenz zu betrachten? Denn ich bin davon überzeugt, dass man das Leben nur dann wirklich wahrnimmt, wenn man auch den Tod wahrnimmt.

Palliativversorgung ermöglicht den Menschen in der letzten Phase ihres Lebens eine bessere Lebensqualität. Dazu muss man allerdings zunächst ausdrücklich anerkennen, dass der Medizin Grenzen gesetzt sind. Das erinnert mich an eine interessante Studie mit Menschen mit metastasierendem Krebs, die eine Chemotherapie erhielten. Auf die Frage, was das Ziel der Behandlung sei, antworteten fast alle: länger zu leben. Keiner antwortete: besser zu leben, oder: möglichst gut zu leben. 40 Prozent der Befragten dachten zudem, dass sie durch die Chemotherapie geheilt würden, während den behandelnden Ärzten völlig klar war, dass dies unmöglich war.

Ich sage den Patienten immer gleich, dass sie an der Krankheit sterben werden. Natürlich erkläre ich dann auch, was wir noch tun können, um ihnen zu helfen, aber ich sage nie, dass wir etwas „bekämpfen" werden. Kampf ist ein Wort, das die Menschen auf eine falsche Fährte führt, ein Wort, das man als Arzt verwendet, wenn man nicht über den Tod sprechen will. Das muss ein Ende haben, denn ohne über das Sterben zu sprechen, ist eine gute Palliativmedizin nicht möglich.

Ich habe mich schon früh mit dieser Materie befasst. Nach meinem Medizinstudium an der Universität Groningen wurde ich 2003 Assistenzarzt in der Abteilung für Innere Medizin des Martini-Krankenhauses. Ich fand es lächerlich, dass während meines Studiums das Sterben kein Bereich war, mit dem man sich als angehender Arzt intensiv beschäftigen musste. Als ich zu arbeiten begann, verstand ich, warum: Palliativversorgung gab es so gut wie nicht. Tagtäglich lagen auf fast jeder Station Sterbende, aber es gab keinen Raum für mich und die Patienten, um darüber zu sprechen. Sterbenden wurde Morphin verabreicht, ihnen wurden praktische Fragen zu den Unterlagen gestellt, die es rund ums Sterben auszufüllen gilt. Sie beantworteten diese, und das war's dann. Sobald jemand tot war, arbeiteten alle gleich weiter. Der Patient wurde in die Leichenhalle gebracht, das Zimmer leergeräumt, und dann kam der Nächste. Als ob nichts geschehen wäre. Das erschütterte mich zutiefst. Zum Glück konnte ich mich mit einer Kollegin, Sabine Netters, heute onkologische Internistin am Isala-Krankenhaus in Zwolle, darüber austauschen. Gemeinsam haben wir später unsere Gesundheitsplattform *Carend* gegründet. Als junge Ärzte in der Ausbildung sagten wir uns: Warum lernen wir nichts darüber, wie man mit sterbenden Patienten umgehen soll? Nichts über die Begleitung auf dem Weg zum Tod, nichts über das Sterbebett, nichts über seelische Betreuung. Oft ging es nicht über eine Erläuterung darüber hinaus, wie die Morphinpumpe funktioniert.

Ich wusste damals noch nicht genau, was ich vermisste, aber ich war mir sicher, dass in unserer Ausbildung etwas Grundlegendes fehlte. Das tiefe Gefühl dieses Mangels brachte mich zu der Überzeugung, dass etwas getan werden musste, dass es so nicht länger weitergehen konnte.

Im Martini-Krankenhaus gab es übrigens durchaus ein Palliativteam, wie ich später erfuhr. Es war eines der Ersten in den Niederlanden. Sobald es möglich war, schloss ich mich ihm an. In Zusammenarbeit mit einem Neurologen, einem Internisten, einer Palliativschwester, einem Seelsorger und einem Allgemeinmediziner lernte ich, meine unheilbar kranken Patienten und ihre Probleme, Wünsche, Ängste und Hoffnungen aus Sicht der vier Bereiche der Palliativversorgung zu betrachten – von ihren letzten Jahren oder Monaten an bis zu ihren letzten Minuten.

Inzwischen verändert sich vieles zum Guten. Hausarztpraxen und Pflegeheime sind in Sachen Palliativversorgung schon lange aktiv am Ball – was auch verständlich ist, denn der Großteil der praktischen Arbeit muss von ihnen geleistet werden. Aber auch in den Krankenhäusern tut sich etwas in Sachen Palliativversorgung.

In den Niederlanden verfügen inzwischen alle Krankenhäuser über ein Palliativteam, da dies bei der Behandlung von Patienten mit einer onkologischen Diagnose obligatorisch ist. Das strebt man in Deutschland ebenfalls an. Diese Teams werden auch immer häufiger von Abteilungen um Rat gefragt, in denen die ACP nicht so häufig zur Anwendung kommt, weil sie dort nicht so unmittelbar mit sterbenden Patienten zu tun haben wie das Personal im onkologischen Bereich. Wenn sich zum Beispiel eine sehr gebrechliche und alte Person eine Hüfte bricht, handelt es sich dabei natürlich nicht um eine unheilbare Krankheit. Aber auch in einem solchen Fall sollten sich die Ärzte fragen, ob es noch im Interesse dieses Menschen ist, die Hüfte zu operieren, oder ob sie nicht eher von einem guten Palliativplan ohne weitreichende Operation und mühseligen Rehabilitationsprozess profitieren würde.

Das führt mich zurück zu meinem Grundsatz, den ich ständig wiederhole: Eine medizinische Behandlung sollte den Tagen des Patienten mehr Leben hinzufügen, nicht nur dem Leben mehr Tage. Im Bereich der Palliativversorgung ist dieser Satz zu einem geflügelten Wort geworden, fast schon zu einem Klischee. Und nun auch außerhalb davon.

Wenn eine medizinische Behandlung nichts mehr bringt, bedeutet das nicht, dass jemand „austherapiert“ ist. Ich reagiere allergisch auf dieses Wort, ich verwende es nie, und ich denke auch, dass es in der medizinischen Welt keinen Platz haben sollte. In meiner Praxis sind Menschen erst „austherapiert“, wenn sie ihren letzten Atemzug getan haben. Dann kommt die Palliativversorgung zu ihrem Ende, keine Minute früher. Ich behandle den Patienten immer weiter, zum Beispiel mit Strahlentherapie, um Schmerzen zu lindern. Wenn der Tod näher rückt, wird der Hausarzt immer mehr das Heft in die Hand nehmen[4], gewiss, aber es heißt nie: Tschüss, Sie sind austherapiert. Ich überweise die Patienten definitiv regelmäßig an den Hausarzt zurück, weil zwei Kapitäne auf *einem* Schiff nicht funktionieren, aber ich mache dabei deutlich, dass sie mir immer willkommen sind, wenn sie Fragen haben oder etwas unklar ist oder wenn ich doch noch etwas für sie tun kann.

Dieses Prinzip des Lebens und der Tage gilt natürlich nicht nur für metastasierenden Krebs. Es gilt ebenso sehr für andere ernste und unheilbare Krankheiten, etwa COPD (*chronic obstructive pulmonary desease*, eine chronische Verengung der Atemwege), Herzinsuffizienz oder Demenz, und für Menschen, bei denen sich im hohen Alter altersbedingte Beschwerden häufen. Dieses Buch hat sich zum Ziel gesetzt, die Palliativversorgung ins Rampenlicht zu rücken, vom Gespräch über schlechte Nachrichten bis hin zur Trauer vor und während des Sterbeprozesses. Ich hoffe auch, dass es dazu Anstoß geben kann, ein wenig leichter über den Tod zu sprechen – als Arzt, als Pflegekraft, als kranker Mensch, als Angehöriger und eigentlich als Mensch überhaupt. In dieser Welt ist nichts sicher, außer der Tod und die Steuern, sagte Benjamin Franklin, einer der Gründerväter der Vereinigten Staaten. Und so ist es auch. Wir alle werden es mit dem Tod zu tun bekommen – unserem eigenen und dem von Menschen, die wir lieben. Dem können wir uns nicht entziehen, mögen wir uns Machbarkeit auch noch so sehr auf die Fahne schreiben.

2. Schlechte Nachrichten
Analyse des Gesprächs über schlechte Nachrichten

Der erste Schritt in einem Palliativprozess ist das Gespräch, in dem Ärzte ihren Patienten mitteilen, dass es nicht gut um sie steht. Natürlich verläuft ein solches Gespräch bei jedem Menschen und bei jedem Arzt anders. Was zur Sprache kommt und was nicht, hängt auch von der Art der Krankheit ab, an der jemand leidet. In diesem Kapitel unterscheide ich zwischen metastasierendem Krebs, anderen tödlichen Krankheiten und Demenz.

Krebs mit Metastasenbildung

Frits ist ein 70-jähriger Mann. Er ist seit 40 Jahren mit Margreet verheiratet; sie haben drei Kinder und vier Enkel. Sander kennt Frits schon seit Jahren. Er kam mit einem lokalen bösartigen Tumor im Oberlappen der linken Lunge zu ihm in die Ambulanz. Der Lungenchirurg entfernte den Tumor; es gab keine Metastasen. Frits konnte nach Hause gehen. Alle sechs Monate kam er zu Kontrolluntersuchungen. Sander machte dann eine Aufnahme von seiner Lunge und konnte Frits und Margreet immer mitteilen, dass nichts Schlimmes zu sehen war.

Bei der sechsten Untersuchung jedoch sieht es schlecht aus. Auf dem Foto ist etwas Ungewöhnliches im linken unteren Lungenflügel zu sehen. Es könnte ein Tumor sein. Er ruft Frits an und bittet ihn, für einen PET-Scan (eine Positronen-Emissions-Tomografie) ins Krankenhaus zu kommen. Diese bringt schließlich eine stark vergrößerte Drüse in seinem Hals ans Licht, die Frits selbst nicht spürt. Die Drüsenvergrößerung ist ein beinahe untrüglicher Hinweis auf Lungenkrebs. Und der ist auch vorhanden, wie Sanders Biopsie einige Tage später offenbart: kleinzelliger Lungenkrebs mit Metastasenbildung. Die Drüse in die Strahlentherapie des Lungentumors miteinzubeziehen, ist nicht möglich; dafür ist der Bereich, in dem der Krebs bereits sichtbar ist, zu groß. In der Sprechstunde, die Sander fast täglich abhält, teilt er Frits und

Margreet mit, dass Frits' Krankheit unheilbar ist und er daran sterben wird – nachdem er zweieinhalb Jahre lang mit dem Gedanken gelebt hat, dass er mit knapper Not davongekommen ist.

Menschen, die zu einem Diagnosegespräch über unheilbaren Krebs zum Arzt kommen, wissen im Vorhinein noch wenig über den genauen Sachverhalt. Bei der Terminvereinbarung sagt die Arzthelferin am anderen Ende der Leitung nicht: „Guten Morgen, Frau Bakker, können Sie nächsten Dienstag um halb elf zu Ihrem Gespräch kommen? Wir haben schlechte Nachrichten für Sie." Natürlich haben die Menschen oft schon eine Vermutung, denn schließlich wurden sie nicht ohne Grund ins Krankenhaus überwiesen.

Innerhalb meines Fachbereichs ist das ein Szenario, das Patienten häufig zu mir führt: Der Hausarzt überweist einen Patienten, um den er sich Sorgen macht, um Aufnahmen von der Lunge machen zu lassen. Auf dem Röntgenbild ist ein Tumor zu sehen. Ich veranlasse innerhalb weniger Tage einen Termin für einen Scan, woraufhin der Patient zum ersten Mal zu mir kommt. Ist der Tumor bösartig, gibt es zwei Möglichkeiten, wie es danach weitergeht. Sehen wir nur den Tumor und keine Metastasen, machen wir noch einen PET-Scan, um sicher zu gehen, dass wirklich nirgends bis hinunter zum kleinen Zeh eine Metastase zu erkennen ist. Finden wir nichts, kann man auf Heilung setzen, und diese Chance ist ziemlich groß. Das Gespräch darüber ist nicht schön – es handelt sich immer noch um Krebs, eine Operation wird notwendig sein, gefolgt von einer Zeit der Ungewissheit –, aber es ist kein Gespräch über den bevorstehenden Tod, von Palliativversorgung ist daher dann keine Rede.

Menschen, bei denen wir – sofort oder nach dem PET-Scan – Metastasen, beispielsweise in der Leber, in den Knochen oder im Gehirn feststellen, sage ich ganz klar: Sie haben metastasierenden Lungenkrebs und Sie werden daran sterben. Ich sage das unverblümt, weil ich weiß, dass man Schaden anrichtet, wenn man es vage hält oder salbungsvoll spricht. Verlassen Menschen nach einem unklaren Gespräch das Krankenhaus, kann sich das Mitgeteilte schnell verselbstständigen. Zum Beispiel geistern nach wie vor Begriffe wie „eingekapselter Tumor" durch die Weltgeschichte, die nach Doktor-Internet klingen. Das soll wohl etwas Positives sein.

Ich weiß nicht einmal, was das ist, ich habe keine Ahnung, wie ein eingekapselter Tumor aussieht. Ich denke, es ist ein typischer Fall von Coping, also dem Versuch, das Gehörte irgendwie zu bewältigen, verstärkt durch ein vages Gespräch über die Diagnose, die Raum für Deutungen lässt: Es gibt eine Art Hülle um meinen Krebs, also ist es nicht so schlimm. Ich kann mit Bestimmtheit eines über Krebs sagen: Er wächst durch alles hindurch, wenn er nicht rechtzeitig gestoppt wird.

In einer gewöhnlichen Woche im Krankenhaus überbringe ich manchmal bis zu neun Mal schlechte Nachrichten. Diese Gespräche führe ich immer in meinem eigenen Sprechzimmer, einem kleinen quadratischen Raum gegenüber der Cafeteria, wo eine alte Landkarte an der Wand hinter meinem Schreibtisch hängt, auf der die Länder, in denen ich gewesen bin, mit Punkten markiert sind; ich reise sehr gerne. An einer anderen Wand steht ein Bücherregal mit Fachliteratur, darauf Fotos von meiner Partnerin und unserem Sohn und unserer Tochter.

Die erste Patientin in der Sprechstunde ist Annemarie, eine 68-jährige Frau. Sie kommt mit festem Schritt herein und nimmt auf dem harten Stuhl mit der geraden Rückenlehne Sander gegenüber Platz. Sie nickt ihm zu und sagt, sie wisse, dass es besser sei, jemanden zu einem unerfreulichen ärztlichen Aufklärungsgespräch mitzubringen – zwei hören mehr als einer –, aber sie wolle das nicht. Sie fände das Gespräch so aufregend, dass sie gerade niemanden dabeihaben wolle, auch nicht ihren Mann. Sie wolle lieber erst einmal nur hören, wie schlimm es ist. Dann müsse sie später im Auto auch nicht gleich darüber reden. Sander widerspricht ihr nicht. Annemarie ist sich ihrer Sache sicher, das merkt man sofort. Er sagt ihr, dass sie eine aggressive Form von Lungenkrebs mit Metastasen in der Leber habe. Sie nimmt es schweigend auf. Beim Abschied fragt Sander, ob ihr Mann beim nächsten Besuch, bei dem sie ihre Optionen besprechen werden, doch mitkommen könne. Sie lächelt leicht. „Vielleicht", sagt sie, „aber das war gut so. Ich möchte jetzt erst einmal allein sein."

Patienten kommen selten allein. In der Regel werden sie von ihrem Partner oder ihren Kindern, wenn sie welche haben, begleitet. Wenn nicht, bringen sie eine Schwester, einen Bruder oder einen Freund mit. Mein Telefon ist immer ausgeschaltet, ich sitze nach vorne gebeugt und stütze mich auf dem Schreibtisch ab. Im Lauf der Jahre habe ich gelernt, nicht auf der Computertastatur mitzutippen, was man sich gegenseitig mitteilt, obwohl ich das bei anderen Beratungsgesprächen durchaus tue.

Nachdem wir uns begrüßt und alle Platz genommen haben – die Besucher meistens mit ihrem Mantel, die Frauen mit ihrer Tasche auf dem Schoß –, wende ich mich an die Hauptperson im Zimmer. Ich atme noch einmal tief durch, dann sage ich in zwei Sätzen, worum es geht, und halte anschließend den Mund. Das habe ich lernen müssen. Als angehender Arzt will man dem Patienten alles sagen, was man weiß. Das ist aber nicht sinnvoll. Denn die Menschen hören einem gar nicht zu. Sie interessieren sich auch nicht für all deine Informationen. Und: Nur wenn der Arzt schweigt, kommen ihre eigenen wichtigen Fragen zur Sprache. Wenn er das nicht tut, bestimmt er den Gesprächsverlauf. Die meisten Patienten werden das über sich ergehen lassen. Verständlicherweise, denn der Arzt ist schließlich der, der Bescheid weiß. Aber so bekommen sie keine Chance, das vom Arzt Gesagte zu verarbeiten und danach zu fragen, was sie in diesem Moment tatsächlich wissen wollen.

Ich führe die Stille nicht ausdrücklich herbei. Sie ist einfach da. Ich nutze sie heute in jedem schwierigen Gespräch und in allen Zimmern, in denen jemand im Sterben liegt. Reden ist sicher. Es füllt die Leere des Unbehagens und der Trauer aus, es kann über Emotionen hinwegstürmen und ist ein wirksames Mittel, um der Angst aus dem Weg zu gehen. Für den Verlauf eines Palliativprozesses ist es aber nicht förderlich.

Die erste Frage, die Menschen nach einem Schweigen von manchmal drei Minuten oder mehr stellen, ist: „Herr Doktor, wie lange habe ich noch?" Sie wollen etwas über die Prognose hören. Eigentlich müsste es heißen: „Wie lange habe ich es noch gut?", denke ich dann, aber das ist ein merkwürdiger Satz und kein Kommentar, den ich sofort einbringe. Meistens gebe ich ihnen einen Anhaltspunkt: „Sie haben metastasierenden Lungenkrebs. Die durchschnittliche Lebenserwartung bei Ihrem Krankheitsbild beträgt neun Monate, aber Sie sind kein Durchschnitt, Sie sind ein Individuum. Manche Menschen leben länger als neun Monate, andere kürzer."

Ich bekomme regelmäßig zu hören, dass ich den Patienten die Hoffnung raube, wenn ich den Tod so direkt anspreche, aber das glaube ich nicht mehr. Ich raube ihnen keine Hoffnung, ich *gebe* ihnen Hoffnung, indem ich ihr Augenmerk auf die Lebensqualität lenke. Sie werden sterben, aber wir werden daran arbeiten, dass Sie möglichst lange gut leben. Hoffnung auf Heilung ist das nicht, aber es ist etwas, an dem man sich festhalten kann, wenn man es wagt, sich der Realität zu stellen.

Bei mir ist ein solches Erstgespräch kurz. Nicht, weil ich mir nicht mehr Zeit nehmen will, sondern weil das keinen Sinn hat. Ein langes Gespräch bedeutet zwangsläufig viele Informationen, und jeder Arzt weiß – oder sollte es wissen –, dass sich alle Luken schlagartig schließen, wenn man eine Bombe in das Leben eines Menschen fallen lässt. Sie sind so abgrundtief traurig, wenn sie das hören. Fast jeder fängt an zu weinen. Partner und Kinder weinen. Oft werden Patienten auch panisch oder wütend – auf sich selbst, auf die Situation, auf mich. All das muss erst einmal Raum bekommen, Behandlungspläne und Statistiken folgen später. Es mag taktlos erscheinen, ein Gespräch, in dem man einem anderen Menschen den Tod ankündigt, so kurz zu halten, doch das Gegenteil ist der Fall.

Die Patienten weinen oft noch, wenn ich mich von ihnen verabschiede. Und ihre Angehörigen auch. Wir haben auf der Station einen Raum, in dem sie sich bei einer Tasse Kaffee eine Weile erholen können. Die meisten nehmen das in Anspruch. Es ist eine tiefe Trauer, die sich ihrer dann bemächtigt, obwohl kaum jemand, der ernsthaft krank ist, erstaunt und von der Nachricht wie vom Blitz getroffen ist. Die Metastasierung macht die meisten Menschen sehr müde, sie haben Gewicht verloren, leiden unter Nachtschweiß, schlafen schlecht. Oft bestehen diese Symptome schon eine gewisse Zeit. Die Menschen spüren wirklich körperlich, dass etwas nicht stimmt. Aber zu erfahren, wie gravierend das ist, was bei ihnen nicht stimmt, ist trotzdem immer ein herber Schlag.

Ich spreche erst dann mit Patienten über die mögliche Behandlung und deren Sinn und Zweck, wenn die Erkenntnis, dass sie früher oder später an der Krankheit sterben werden, einigermaßen zu ihnen durchgedrungen ist. Wenn es nach mir geht, sprechen wir im ersten Gespräch nicht darüber. Das mag logisch klingen, aber machen Sie sich keine Illusionen darüber, wie oft das schiefgeht.

Neulich hat mich ein Praktikant, der während einiger Gespräche, in denen ich solche schlechten Nachrichten überbringen musste, mit im Zimmer saß, gefragt, was denn passieren würde, wenn ich nicht den Mut hätte, zu schweigen. Ich sagte, dann läuft das so: „Liebe Frau, Sie haben diese oder jene Form von Krebs mit Metastasen da und dort. Sie werden irgendwann an dieser Krankheit sterben." Und dann würde ich sofort fortfahren: „Zum Glück haben wir die Chemotherapie. Die möchten wir gern einsetzen, um den Tumor zu verkleinern. Die Chemotherapie hat natürlich unangenehme Nebenwirkungen, aber die sind meist nur vorübergehend, und sie gebieten dem Krebs Einhalt, also ist das gut." So in etwa. Danach würde ich dann auf die Nebenwirkungen zu sprechen kommen, welche häufig und welche weniger häufig sind und was wir dagegen tun können. Vielleicht spreche ich auch über das Therapieschema, wie viele Behandlungen in welchem Zeitraum vorgesehen sind, was in den Wochen dazwischen passiert. Auf diese Weise würde ich dann als Arzt fachkundig über den Kummer, die Angst und das Unbehagen hinwegsprechen. Nicht aus bösem Willen. Ganz und gar nicht. Ich würde es tun, weil ich davon überzeugt wäre, dass es für den Patienten gut und richtig ist.

Es ist gängige Praxis, dass Ärzte bei der Überbringung schlechter Nachrichten über metastasierenden Krebs sofort von einer Chemotherapie zu sprechen beginnen, ohne deutlich darauf hinzuweisen, dass die Behandlung die Krankheit nicht heilen wird. Das muss man jedoch tun, denn wirklich viele Menschen denken, dass eine Chemotherapie per definitionem darauf abzielt, den Patienten zu heilen. Man kann sich kaum vorstellen, dass eine so wichtige Tatsache in der Schwebe bleibt, aber es passiert jeden Tag. Ja, das Wort „unheilbar" taucht oft nicht einmal im Gespräch über metastasierenden Krebs auf, geschweige denn das Wort „Tod". Das ist schlimm. Auf diese Weise beraubt man die Menschen der Möglichkeit, zu Beginn ihres palliativen Krankheitsprozesses – denn darum handelt es sich – vorsichtig einen Zeh in den Teich zu tauchen, in dem die wesentliche Frage „Wie lange geht es mir noch gut?" an die Oberfläche kommen darf.

Krankheiten mit Organversagen

Anne ist eine Frau in den 70ern. Sie wohnt allein in einem kleinen Dorf, wo jeder jeden kennt. Benötigt jemand Hilfe, bekommt er sie von allen Seiten. Bei Anne landen viele Anfragen zu kranken oder verhaltensauffälligen Haustieren, denn sie hat über 40 Jahre lang als Tierarzthelferin gearbeitet. Zwei ihrer Kinder wohnen nicht weit von ihr entfernt und kommen oft bei ihr vorbei. Der Jüngste lebt am anderen Ende des Landes. Mit ihm telefoniert sie zweimal die Woche. Ihr Ex-Mann ist vor Jahren ins Ausland gezogen. Am 1. Januar und an Geburtstagen telefonieren sie immer miteinander, um sich gegenseitig alles Gute zu wünschen.

Vor zehn Jahren hat Anne von ihrem Hausarzt erfahren, dass sie an COPD leidet, einer chronischen Lungenkrankheit, die sich allmählich verschlimmert. Als es ihr nicht mehr gelang, ihre Atemnot eigenständig mithilfe von Medikamenten in einem Inhalator in den Griff zu bekommen, hatte sie ihren ersten Termin bei Sander in der Ambulanz. Bei diesem Gespräch kam das Thema Sterben nicht zur Sprache. Sander tüftelte einen pulmonalen Rehabilitationsplan aus, der ihre Lebensqualität für lange Zeit auf ein akzeptables Niveau anhob, aber das bedeutete nicht, dass der COPD Einhalt geboten wurde.

Das Atmen fiel ihr nach wie vor schwer, Müdigkeit überkam sie meistens schon beim Aufstehen, und sie entwickelte eine chronische Bronchitis. Später kam eine Herzinsuffizienz hinzu – eine weitere chronische Erkrankung, die häufig mit einer COPD einhergeht.

Im Vorfeld einer Routineuntersuchung sah sich Sander die neuesten Werte in ihrer Akte an. Ich glaube nicht, dass sie in einem Jahr noch leben wird, dachte er, aber da Anne trotz ihrer schlechten Befunde nur selten Momente mit einer akuten, kritischen Verschlechterung durchzustehen hatte, sprach er den Tod oder die letzte Lebensphase noch nicht an.

Aber sie tat es. „Herr Doktor? Ich werde nicht wieder gesund, oder?", fiel sie mit der Tür ins Haus. „Nein", antwortete er, „ich fürchte nicht." Ihre freimütige Frage vermittelte ihm ein mulmiges Gefühl. Eigentlich hätte er das Thema zuerst zur Sprache bringen müssen. Nun brachte sie es notgedrungen selbst aufs Tapet, aber weiß der Kuckuck, wie lange sie es schon mit sich herumgetragen hatte: Frage ich oder frage ich nicht? Frage ich jetzt oder das nächste Mal? Der Arzt könnte es seltsam, ärgerlich, beklemmend, unpassend oder unangenehm finden, und daran bin ich dann schuld.

Sander sagt ihr, dass er ihre Frage mutig findet und es eigentlich seine Aufgabe gewesen wäre, dieses schwierige, traurige Thema anzuschneiden. Sie reden lange und offen miteinander. Er verschreibt Morphinpflaster und erklärt, dass sie nicht die Krankheit, wohl aber die Atemnot effektiv bekämpfen können. Bevor sich Anne auf den Weg nach Hause macht – in einem Rollstuhl, weil sie nicht mehr gehen kann –, vereinbaren sie, dass sie sich nicht mehr ins Krankenhaus einweisen lassen wird, auch nicht, wenn die Symptome dazu allen Anlass geben. Sie hat keine Angst. Sander hat ihr versichert, dass sie nicht ersticken wird.

In den folgenden Wochen ruft er noch einige Mal an. „Es geht bergab mit mir", sagt sie dann, „aber ich lasse es ruhig angehen, also, wen kümmert's." Zum Glück ist es ein Sommer mit schönem Wetter, es ist warm, aber nicht zu warm. Fast jeden Tag kann sie für eine Weile auf einem Bett im Garten liegen. Meistens kommt dann auch jemand vorbei. Außer den Fragen zu extrem haarenden Katzen und hyperaktiven Hunde bringen ihre Nachbarn nun oft einen Topf Suppe oder einen leckeren Nachtisch mit.

Drei Monate später stirbt Anne. Zu Hause, gegen fünf Uhr nachmittags. Ihre Tochter steht gerade an der Haustür und spricht mit jemandem, als sie sich davonmacht. Ohne dieses letzte Gespräch mit Sander wäre sie in der letzten Woche ihres Lebens sicher im Krankenhaus gelandet. Ohne dass es etwas genutzt hätte, ohne dass es notwendig gewesen wäre, und ganz sicher anders, als sie es gewollt hätte.

Andere unheilbare, tödliche Krankheiten als Krebs nennen wir Ärzte oft Krankheiten mit Organversagen. Solche Erkrankungen können verschiedenste Regionen im Körper befallen: Herzinsuffizienz, Parkinson, langfristige Bettlägerigkeit nach einem Hirnschlag und COPD sind Krankheitsbilder, die unzählige Menschen betreffen. Eine bekannte neurologische Krankheit, die immer zum Tod führt, ist ALS (Amyotrophe Lateralsklerose). Sie ist seltener.

In der Palliativmedizin unterscheiden wir diese Krankheiten von Krebs, weil die Lebensqualität allmählicher abnimmt. Bei metastasierendem Krebs bleibt die Lebensqualität oft recht hoch, bis es plötzlich schnell und unaufhaltsam bergab geht und der Tod eintritt. Mit anderen Worten: Die Sterbephase ist verhältnismäßig kurz.

Bei Menschen mit COPD, Lungenfibrose oder Herzinsuffizienz – den Krankheitsformen, mit denen ich es am häufigsten zu tun bekomme – kann man beobachten, dass die Patienten über Jahre hinweg zu immer weniger fähig sind. Meistens werden diese Krankheiten über kurz oder lang von Exazerbationen begleitet: kurzen, ziemlich heftigen vorübergehenden Verschlechterungen, nach denen man für eine Weile wieder in ruhigeres Fahrwasser kommt. Erst wenn sich diese Schübe häufen und in kürzeren Abständen aufeinander folgen, verringert sich die Lebenserwartung rapide.

All dies wirkt sich auf das Gespräch aus, in dem man solche schlechten Nachrichten überbringen muss. Als Arzt braucht man einen Aufhänger, um den Tod anzusprechen. Bei metastasierendem Krebs baumelt einem dieser Aufhänger sozusagen in Neonfarben vor der Nase; man kann zwar wegschauen, und das tun auch viele allzu oft, aber man sieht ihn trotzdem noch. Bei Krankheiten mit Organversagen weiß selbst ich nicht so recht, wie und wann ich auf den „rosa Elefanten" im Raum hinweisen soll. Mein Grundsatz lautet: Man sollte dann über das Elend sprechen, dass einem Patienten bevorsteht, wenn es ihm noch gut geht. Wenn es sich um einen schleichenden Zerstörer wie COPD handelt – eine Krankheit mit Organversagen, mit der ich täglich zu tun habe –, ist das leichter gesagt als getan.

Die erste Diagnose stellt fast immer der Hausarzt. Der sieht sich in seiner Praxis jemandem mit anhaltenden Beschwerden gegenüber: Husten, Atemnot, wenig Energie. Ein richtiges Gespräch darüber, dass diese Krankheit unheilbar ist und zum Tod führen wird, findet nicht statt. Der Name der Krankheit wird manchmal nicht einmal erwähnt. „Sie haben eine chronische Bronchitis", heißt es stattdessen. Oder: „Das ist ein Raucherhusten. Sie sollten jetzt aber wirklich mit dem Rauchen aufhören." Der Hausarzt verschreibt einen kleinen Inhalator, mit dessen Hilfe Medikamente in die Lunge transportiert werden. Damit hat es sich. Was auch verständlich ist. Mit ein bisschen Glück und einer angepassten Lebensweise kann es dem Patienten auf diese Weise noch Jahre einigermaßen gut gehen.

Ich sehe Betroffene erst dann zum ersten Mal, wenn der Inhalator nicht mehr wirkt oder wenn sie einen ersten Lungenanfall erleiden: eine akute Verschlimmerung der chronisch entzündeten Bronchien, ausgelöst zum Beispiel durch eine normale Erkältung, in deren Folge sie nicht mehr genügend Sauerstoff bekommen und stationär aufgenommen werden müssen.

Führt ein Lungenanfall zu einem Krankenhausaufenthalt, könnte dies ein Aufhänger sein, um etwa einen Tag später, wenn sich der Betroffene von dem Schock erholt hat, behutsam darüber zu reden, dass COPD tödlich ist und eine Form der Palliativversorgung erfordert. Vor allem zu Beginn der Krankheit erholen sich die Menschen nach einem Lungenanfall jedoch ziemlich schnell. Ehe man sich versieht, ist sozusagen der Aufhänger aus dem Blickfeld verschwunden. Die Patienten gehen nach Hause und ich sehe sie für gewöhnlich erst beim nächsten Routinetermin wieder.

Der Status quo ist: Wir sehen uns alle sechs Monate, dann überprüfen wir die Lungenfunktion, und wenn sie sich leicht verschlechtert hat, unternehmen wir etwas dagegen. Die Chancen stehen gut, dass die Situation beim nächsten Termin noch immer gleich stabil schlecht ist wie beim letzten Termin und bei dem zuvor. Es fällt schwer, den nächsten Schritt zu tun und den Status quo zu verlassen. Sowohl Ärzte als auch Patienten scheuen davor zurück und spüren die Scheu des jeweils anderen, den Weg zum Tod zu besprechen.

Vergessen wir dabei nicht, dass viele COPD-Patienten letztendlich an etwas anderem sterben, da die Krankheit vor allem bei älteren Menschen und/oder hartnäckigen Rauchern auftritt. Bei Patienten, die an Parkinson leiden, ist der Aufhänger für ein solches Gespräch noch schwieriger dingfest zu machen: Die Lebenserwartung der Menschen, die an dieser Krankheit leiden, liegt nur zwei Jahre unter dem Durchschnitt. Warum sollte man sie auf den Tod hinweisen?

Dennoch würde ich mit diesen Patienten gerne öfter und früher über das Sterben und die Palliativversorgung im Jahr davor sprechen. Auch weil ihr Krankheitsbild so schwierig ist, und ich denke dabei nicht nur an den körperlichen Verfall. Krankheiten mit Organversagen sind sozusagen eine Brutstätte für das Gefühl von Einsamkeit, Scham, Unsicherheit, Niedergeschlagenheit und Depression. Die Menschen sitzen schweigend und leidend zu Hause. Es gibt wenig, was sie tun können, daher verschwinden sie aus dem Blickfeld der Gesellschaft. Im Fall von COPD rührt die

Scham oft aus ihrem früheren, manchmal auch ihrem jetzigen Leben als Raucher her: Ich bin selbst schuld. Ich bin sicher, dass wir den Hunderttausenden, die an einer solchen Krankheit leiden und auch ihren Betreuern und anderen Angehörigen besser helfen könnten, wenn wir es wagen würden, der Gefahr ins Auge zu schauen. Und zwar zur rechten Zeit.

Susan ist alleinerziehende Mutter in den späten 40ern. Ihre Kinder sind 12 und 14 Jahre alt. Der Vater ist im Leben seiner Kinder nicht mehr präsent. Susan leidet unter einer schweren, schnell fortschreitenden Form von COPD; der Krankheitsverlauf ist bei ihr ganz und gar nicht schleichend. Bei jedem Termin in der Ambulanz äußert Sander seine Besorgnis: „Susan, du musst deine Lebensweise ändern. Bitte versuch doch noch einmal, mit dem Rauchen aufzuhören." Es gelingt ihr nicht, auch nicht, als sie immer öfter mit schweren Lungenanfällen im Krankenhaus landet.

Der letzte Anfall trifft sie hart. Susan kann kaum noch atmen und ist benommen, weil ihre Lunge kaum noch Kohlendioxid ausscheiden kann. Sander lässt eilig einen Scan anfertigen. Ihre Lunge sieht aus wie ein Spinnennetz. Susan wird bald sterben, daran hat er keinen Zweifel. Er versucht, ein Gespräch über das, was ihr bevorsteht, zu führen, aber Susan will nichts davon wissen. Es gibt nichts zu besprechen. Sie wird jetzt nicht sterben, Punkt. Aus. Ende. Sie kann auch gar nicht gehen, denn wer sonst soll sich um ihre Tochter und ihren Sohn kümmern? Währenddessen stehen die Kinder weinend am Sterbebett ihrer Mutter, die einen buchstäblich erstickenden letzten Kampf mit sich selbst führt.

Zu guter Letzt gibt sie Sander die Erlaubnis, ihr eine kleine Menge Morphin zu verabreichen. Wenig später stirbt Susan. Ihre Kinder stehen daneben, doch von ihr Abschied zu nehmen, war ihnen nicht vergönnt. Das Letzte, was sie von ihrer Mutter sehen, sind Wut und die Verleugnung des Todes, der seit Monaten mitten im Raum stand.

Ich denke noch immer oft an die Kinder, die ihre Mutter ersticken sahen, ein grausamer Tod, dem wir leicht hätten entgegenwirken können. Wie hat wohl ihre Trauer ausgesehen? Zu trauern, ohne vorher Abschied nehmen zu können, tut Menschen nicht gut. Die beiden waren auch noch so jung. Hoffentlich haben sie einander im Kummer und der Verwirrung über Susans traumatisches Sterbebett nicht verloren.

Ihre Geschichte ist sicher eine Ausnahme, es ist wichtig, sich das klarzumachen. Ich erzähle sie dennoch, weil sie deutlich macht, dass ein Gespräch über eine schlechte Nachricht notwendig ist, und zwar zu einem Zeitpunkt, an dem die Dinge noch einigermaßen gut laufen – wie furchtbar schwierig das auch sein mag. Natürlich wollte Susan darüber absolut nicht reden. Jede Gelegenheit, die ich dazu nutzte, war für sie nur ein Grund, den Kopf noch tiefer in den Sand zu stecken.

Außerdem waren und blieben wir – egal wie viel Zeit ich mir für sie nahm, und ich nahm mir Zeit für sie! – auf einen Termin in meiner Sprechstunde beschränkt, die jeden Tag komplett mit Patienten gefüllt war, die fast alle kamen und fragten: Wie geht die Behandlung nun weiter, denn sie geht doch weiter, oder? Solche Gespräche führen Ärzte auch viel lieber, denn dann können sie sich auf angenehme Weise damit befassen, wozu sie ausgebildet wurden. Wie der amerikanische Chirurg und Schriftsteller Atul Gawande in seinem Buch *Sterblich sein* (ein Standardwerk für jeden Sterbenden, wie ich finde) schrieb: „Ich übe einen Beruf aus, der erfolgreich das Vermögen trainiert, Mängel zu beseitigen und Probleme zu lösen. Wenn Ihr Problem lösbar ist, wissen wir, was zu tun ist. Aber wenn nicht?“[5]

Auch ich würde solche Gespräche über schlechte Nachrichten gerne viel besser angehen, denn zu oft ignoriere ich den Aufhänger und lasse die Gelegenheit verstreichen, weil ich niemanden erschrecken will und der Status quo eigentlich noch ganz in Ordnung ist.

Meiner Ansicht nach sollten wir in allen unseren Ambulanzen[6] eine spezielle Sprechstunde einrichten, in der wir offen darüber reden, was in den verschiedenen Stadien und Formen des Organversagens auf einen Patienten möglicherweise zukommt und wie er damit umgehen kann und will. Wenn man nie mit jemandem darüber spricht, der die verschiedenen Szenarien der Krankheit kennt, kann man sich auch kein Bild davon machen, was einen erwartet, sodass man sagen kann: „So will ich es auf keinen Fall“ oder: „Das schaffe ich schon noch“.

Eine solche Sprechstunde könnte auch verhindern, dass wir Menschen sinnloserweise behandeln, die diese Behandlung eigentlich nicht mehr brauchen, das aber selbst gar nicht wissen, weil der „rosa Elefant“ im Zimmer nie angesprochen wird. Ärzte sollten in einer solchen Sprechstunde auf ihre klinische Intuition vertrauen in

Bezug auf das, was wir die *Überraschungsfrage* nennen: Wird dieser Patient in einem Jahr noch am Leben sein? Ist die Antwort Ja: „Gehen Sie nach links, um Hilfe zum Erhalt ihres Status quo zu bekommen." Ist die Antwort Nein: „Gehen Sie geradeaus, um ein gutes Gespräch über Palliativversorgung zu führen."

Demenz

Marit war schon immer als zerstreut bekannt. Als ihre Tochter vier Jahre alt war, überprüfte sie schon routinemäßig, ob ihre Mutter alles dabeihatte, bevor sie das Haus verließen: „Mama, hast du deine Schlüssel, dein Portemonnaie, deine Brille und mich dabei?" Den Satz „Du vergisst noch mal deinen Kopf" fand ihre Tochter nicht lustig. Für sie war eine Mutter, die ihren Kopf im Zug liegen lässt, erschreckend nah an der Realität.

So wunderte es zunächst niemanden, dass Marit mit etwa 70 immer mehr zu vergessen begann. Praktische Dinge fielen bei ihr durchs Raster, so kannte und liebte man sie. Natürlich verstärkte sich ihre Vergesslichkeit mit dem Alter etwas, was soll's, schließlich hat jeder seine altersbedingten Gedächtnislücken. Außerdem konnte man Marit immer noch alles über Vögel und die griechischen Mythen (und die Rolle der Vögel in den griechischen Mythen) fragen. Und sie kannte wahnsinnig viele komplizierte Rezepte aus der persischen Küche auswendig, selbst dann noch, als sie ihre Brille jeden Tag in den Kühlschrank, zwischen die Gläser im Gewürzregal oder in die Schachtel mit Hundekeksen zu legen begann.

Marit selbst beschlich allerdings langsam, aber sicher das Gefühl, dass etwas nicht stimmte. In ihr Tagebuch schrieb sie, dass sich zu dem üblichen Chaos in ihrem Kopf etwas Dunkles gesellt habe, das sich ihrer Kontrolle entzog. Als sie eines Tages, mit einem Regenmantel und Wanderschuhen in ihrer Tasche, den Hauptbahnhof ihres Wohnorts betrat und keine Ahnung hatte, wohin sie gehen sollte oder wollte, schlug sie Alarm. Zuerst sagte sie zu ihrem Mann und ihrer Tochter: „Nein, hört auf, das ist nicht ‚typisch Marit'." Dann rief sie in der Hausarztpraxis an, in der sie in den letzten 40 Jahren vielleicht sechsmal gewesen war. Ein Facharzt für Geriatrie führte eine diagnostische Untersuchung durch. Eine Woche später teilte ihr ein junger Hausarzt aus der Praxis, den Marit bisher noch nicht kannte, mit, dass sie an Alzheimer leide. „Werde ich daran sterben?“, fragte sie. Der Hausarzt antwortete lächelnd, dass wir alle an irgendetwas sterben. Dass bei ihr der Grund dafür aber wohl Alzheimer sein würde, sagte er nicht dazu.

Inzwischen lebt Marit schon seit einigen Jahren in der geschlossenen Abteilung eines Pflegeheims. Zu Hause bleiben konnte sie nicht mehr. Sie lief immer wieder weg. Vogellaute beruhigen sie. Auch eine Geschichte über die Verhältnisse auf dem Olymp scheint sie fesseln zu können, bis sie wegdämmert. Niemand weiß genau, was Marit noch wollen würde, wenn sie eine Lungenentzündung bekäme oder aus dem Bett fiele und sich eine Hüfte bräche. Wenn ich mein Kind nicht mehr erkenne, will ich Sterbehilfe, hat sie wohl einmal nach einem langen Weihnachtsessen mit viel Wein gesagt. Alle am Tisch nickten zustimmend: Ja, das würde ihnen genauso gehen, denn das ist das Allerschlimmste, was einem passieren kann.

Marit weiß schon seit einiger Zeit nicht mehr, wer ihr Kind ist. Oder dass sie ein Kind hat. „Bist du meine Mutter? Wer bist du? Meine Schwester kommt gleich.“ Solche Dinge sagt sie, wenn ihre Tochter hereinkommt. Aber sie findet es immer angenehm, wenn sie sie besucht, das merken ihre Pflegekräfte. Gibt es hier also doch eine Form unbewussten Erkennens, von der wir kein Wissen haben und die wir nicht zu fassen kriegen? Und hätte Marit das als gut genug empfunden, um weiterleben zu wollen? Für Sterbehilfe ist es auf jeden Fall zu spät. Darüber hätte der Hausarzt mit ihr sprechen müssen, als sie noch zu Hause lebte und ihre eigenen Entscheidungen in einer Weise traf, die Experten als willensfähig bezeichnen können und dürfen.

Die Demenzdiagnostik ist überall in unserem Land anders organisiert, wie ich von Margot Verkuylen weiß, einer Fachärztin für Geriatrie und Palliativmedizin, die ich seit Jahren kenne. Ich rufe sie an, um sie zu fragen, wie Gespräche über schlechte Nachrichten mit Menschen, die an Demenz erkrankt sind, ablaufen und wie sie ablaufen sollten. Margot erklärt mir zunächst, dass Hausärzte in der Regel die Ersten sind, die Anzeichen dafür sehen, dass bei jemandem kognitiv etwas nicht mehr ganz in Ordnung ist. Sie überweisen diese Patienten dann an einen Geriater im Krankenhaus, der die Diagnose stellt. Manche Hausärzte ziehen es auch vor, in ihrer eigenen Praxis mit einem Spezialisten für Geriatrie zusammenzuarbeiten, und wieder andere nutzen eine Screening-Liste, um selbst festzustellen, ob etwas nicht stimmt. Wie es weitergeht, hängt auch von den Möglichkeiten und natürlich von den Wünschen des Patienten ab. Wenn ein Patient wirklich keine Lust hat, mit einem unbekannten Geriater in einem kühlen Krankenhauszimmer zu sprechen, wird es auch nicht dazu kommen, obwohl die Hausärzte durchaus versuchen werden, Skeptiker zu motivieren, indem sie argumentieren, dass es hilfreich sei, wenn man eine Diagnose bekomme.

Margits Ansicht nach sind die Gespräche über schlechte Nachrichten mit dem Patienten nach der Feststellung einer Demenz (Alzheimer oder eine andere Form, z. B. vaskuläre Demenz) in den Niederlanden noch verbesserungswürdig. „Man muss einem Patienten sagen, dass er an Demenz erkrankt ist, und wenn wir es gut machen würden – und das tun wir bisher ganz und gar nicht –, würden wir anschließend sagen, dass Demenz eine Krankheit ist, die letztendlich zum Tod führt, damit der Patient Raum bekommt, darüber nachzudenken, was er will und was nicht, wenn sich sein Zustand weiter verschlechtert und der Tod in Sicht kommt. Dies geschieht viel zu selten. Viele Ärzte reden um den heißen Brei herum, sie finden solche Gespräche schwierig."

Harry meldet sich auf Drängen seiner Frau beim Hausarzt. Er ist verwirrt, und sein Gedächtnis versagt manchmal schon bei den einfachsten Worten. Dann sitzen sie beim Frühstück und Harry fragt: „Gibst du mir bitte die ..." Und für einen Moment weiß er es nicht mehr. Butter? Teekanne? Preiselbeerpastete? Ach ja, die Milch.

Nach einem etwa zehnminütigen Gespräch in der Sprechstunde überweist der Hausarzt Harry für einen Gedächtnistest an die mit der Praxis verbundene Geriaterin. Diese diagnostiziert eine vaskuläre Demenz. Sie schlägt dem Hausarzt vor, die Diagnose mit Harry zu besprechen, weil er ihn länger und besser kennt. Gesagt, getan – aber nicht ganz. Es wird alles Mögliche besprochen – wie wohnt Harry, wie verbringt er eigentlich den Tag, wohnen seine Kinder in der Nähe, ist seine Frau wegen ihres ehrenamtlichen Engagements in einem Zentrum für Asylbewerber oft außer Haus, ist Hilfe von außen gewünscht –, aber rundheraus zu sagen, dass Harry dement ist, traut sich der Hausarzt nicht. Oder noch nicht.

Ich sage Margot, dass wir Ärzte nicht dafür ausgebildet sind, über das Sterben zu sprechen, nicht mit unheilbar kranken Patienten und schon gar nicht mit Menschen, die einem aufrecht auf einem Stuhl gegenübersitzen.

Sie stimmt mir zu. Selbst in ihrer Ausbildung zur Ärztin in einem Pflegeheim kam das damals kaum zur Sprache, obwohl sich dieses Fachgebiet schon seiner Definition nach mit einer weniger vitalen Bevölkerungsgruppe beschäftigt. „Die Fachärzte für Geriatrie haben in den letzten Jahren zwar große Fortschritte gemacht. In den Niederlanden gibt es allerdings sehr viele Menschen mit Demenz, und dennoch ist in der ersten Reihe, bei den Hausärzten, eine klare Herangehensweise immer noch selten anzutreffen, wenn man sich die absoluten Zahlen anschaut. In den kommenden Jahren wird sich das hoffentlich noch verbessern. Das muss es auch, denn es kommt eine riesige Welle von Menschen mit Demenz auf uns zu."

Das wird ein gigantisches Problem, meinst du nicht? Die Hausärzte sind schon jetzt mit allen möglichen Dingen belastet.

Margot nickt. „Wenn man es gut machen will, braucht man Zeit, um eine vorausschauende Pflegeplanung auf die Beine zu stellen. Man muss den richtigen Zeitpunkt erwischen, um das Thema anzusprechen, und dann muss man über die wahrscheinlichen Szenarien und die Wünsche des Patienten reden. Leider bleibt dafür viel zu wenig Zeit. Zum Glück haben immer mehr Hausärzte einen sogenannten Praxisbetreuer für ältere Menschen und arbeiten mit einem Dementia-Case-Manager zusammen. Sie können viel übernehmen."

Aber das sind keine Ärzte.

„Nein, sie können keine Diagnose stellen und sie auch nicht mit dem Patienten besprechen. Wie wird das Szenario bei Menschen wie Harry aussehen? Dazu ist auch ein medizinischer Blick auf ihn nötig. Die Ärzte müssen die Fäden in der Hand behalten, gute Koordination und Kooperation sind entscheidend."

Abgesehen vom Zeitmangel stellt es für die Hausärzte auch eine Schwierigkeit dar, dass viele Patienten mit beginnender Demenz noch fit sind. Zum Glück natürlich, aber es macht das Gespräch über den Tod noch schwieriger. Morgens hat der Betroffene im

Wanderverein noch zehn Kilometer in der Heide zurückgelegt, und nachmittags soll er beim Arzt dann über sein Lebensende reden, weil er die Namen der Enkel nicht immer parat hat und neulich die Tankstelle nicht auf Anhieb finden konnte, an der er seit zehn Jahren tankt? Versuch das mal hinzubekommen.

Es ist also nicht verwunderlich, dass fast niemand wirklich zum Telefon greift, wenn Fachärzte wie Margot jemandem nach der Diagnose ans Herz legen, selbst einen Termin bei ihrem Hausarzt zu vereinbaren, um über das Lebensende zu sprechen.

Wir können dieses Verhalten nicht von der Unfähigkeit und der mangelnden Bereitschaft der Gesellschaft als Ganze trennen, den Tod als Teil des Lebens zu sehen und sich hin und wieder mit ihm auseinanderzusetzen. Ein plötzlicher Tod kommt immer seltener vor. Das ist schön und gut, zwingt uns aber auch in die Knie. Denn eine einfache Rechnung ergibt, dass dadurch immer mehr von uns längere Zeit krank, schwach und abhängig sein werden. An diese zunehmende Unvermeidlichkeit wollen wir lieber nicht denken, mit dem Ergebnis, dass wir – mental, emotional, aber auch ganz praktisch – extrem schlecht darauf vorbereitet sind und uns erst damit auseinandersetzen, wenn es zu spät ist.

Einer der vielen unerwünschten Effekte dieser Situation ist der, dass das eigentliche Gespräch über schlechte Nachrichten bei Demenz oft viel zu spät geführt wird, und dann nicht mit der Person, die an Demenz erkrankt ist, sondern mit den Angehörigen.

Liege ich richtig, wenn ich sage, dass bei den Menschen, um deren Leben es geht, die Krankheit dann oft schon zu weit fortgeschritten ist, um sie in das Gespräch über die Gestaltung des letzten Lebensabschnitts einzubeziehen, da man nicht mehr einschätzen kann, inwieweit sie tatsächlich überblicken, was sie wollen und was nicht?

„Tatsächlich gibt es dazu viel seltener Gelegenheit, solange die Menschen noch zu Hause leben und eigentlich Raum wäre, die Betroffenen zu fragen, was sie wollen, was sie für wichtig halten, wie sie dem Sterben entgegensehen. Das ist erschütternd. Fast jeder Schwerkranke würde am liebsten in seinem eigenen Bett sterben. Die Realität ist, dass dies bei Menschen mit Demenz selten der Fall ist. Je früher sie das wissen, desto besser, denn nur dann kann das dringend notwendige Gespräch zu einer fortgeschrittenen Demenz über die Umsetzbarkeit der eigenen Wünsche und die möglichen Alternativen dazu geführt werden.

Ein gesellschaftliches Bewusstsein für Demenz, auch für Demenz als tödliche Krankheit, wäre hilfreich. Auf den Websites von Pflegeheimorganisationen sieht man immer glückliche Menschen mit dieser Krankheit. Ich verstehe zwar, dass mitgenommene ältere Menschen kein attraktives Bild für die Homepage abgeben, aber ich denke trotzdem, dass es besser ist, die Realität zu zeigen. Demenz ist eine schreckliche Krankheit, und sie ist unheilbar. Punkt. Damit will ich nicht sagen, dass man aus dem Leben nichts mehr machen kann. Doch wir können den Menschen nur dann wirklich helfen, wenn wir uns trauen, ehrlich zu sein. Das beginnt mit einem offenen Gespräch über solche schlechten Nachrichten, genau wie bei Krebs oder COPD."

Astrids Mutter war demenzkrank. Ihre Großmutter auch. Und ihre Tante wäre wahrscheinlich auch dement geworden, wenn sie nicht im Alter von 34 Jahren von einem Müllwagen überfahren worden wäre. Astrid macht manchmal Witze darüber, indem sie die Stimme aus der altmodischen Nähmaschinenwerbung imitiert: „Meine Mutter hatte eine Anker, ich habe eine Anker und bald will meine Tochter auch eine Anker."

Astrid hat keine Tochter, und auch keinen Sohn. Sie hat jedoch Demenz, eine schnell fortschreitende Form, die sich schon ziemlich früh, in ihrem 62. Lebensjahr, bemerkbar macht. Ihre beste Freundin Tonia ist auch ihre Hausärztin. Sie wohnen zwei Straßen voneinander entfernt. Wenn Tonias Kinder früher mit den Keksen, die sie zu Hause zum Tee bekamen, nicht zufrieden waren, sprangen sie schnell zu Astrid rüber. Die hatte immer Kokosmakronen, obwohl sie selbst als Diabetikerin keine essen durfte.

Tonia stellt die Diagnose und sagt ihrer Freundin ohne Umschweife, was sie zu erwarten hat. Sie bittet Astrid, eine Liste von Einschränkungen und Leiden zu erstellen, mit denen sie ihrer Ansicht nach leben könnte, und mit grundsätzlichen Dingen in ihrem Leben, die sie nicht loslassen kann und will, egal, was passiert. Astrid nennt nur einen Punkt: Sie will nie, unter keinen Umständen, ihr Haus verlassen. Ist sie sich wirklich sicher? Ja, sie ist sich sicher. Nur zwischen mit den Füßen zuerst, vorher nicht. „Okay", sagt Tonia, „aber ich werde dir diese Frage alle paar Monate noch einmal stellen und festhalten, was du sagst."

Astrid baut ab. Als sie zweimal nachts die Haustür sperrangelweit offen stehen lässt, sagt Tonia: „Liebe Astrid, ich glaube, es ist vielleicht doch an der Zeit, dass du zu mir ziehst." „Auf keinen Fall", sagt Astrid entschieden.

„Dann lass uns bald wieder mal über deinen nächsten Schritt sprechen, denn vielleicht irrst du das nächste Mal nachts durch die Straßen und landest am Hauptbahnhof", sagt Tonia. „Wenn du dort von einem Polizisten gefunden wirst, bist du aufgeschmissen: Der bringt dich in ein Krankenhaus, und ehe du dich versiehst, landest du in einem Pflegeheim, wo ein Arzt das Zepter schwingt, der dich und deine Wünsche nicht kennt."

So weit kommt es aber nicht. Ein paar Wochen später liegt Astrid tot in ihrem gemütlichen Sessel. Tödlicher Herzstillstand. Die Haushaltshilfe findet sie an einem Dienstagmorgen um zehn Uhr. Ihr geliebtes Haus ist fein säuberlich aufgeräumt. In der Dose liegen Kokosmakronen, der Schlüssel hängt im Schlüsselkasten, die Haustür ist geschlossen.

3. Zwischen Hoffnung und Realismus sind die Tage ziemlich gut

Der Verlauf unheilbarer Krankheiten bis zum Tod

Es ist Donnerstagmorgen, kurz nach neun Uhr, mitten im Sommer. Draußen ist es bereits warm, heiß sogar. Das Wartezimmer der Pneumologie halb voll mit Patienten von Sander, der gerade seine Ambulanzsprechstunde abhält. Trotz der Hitze tragen die meisten von ihnen eine Jacke und geschlossene Schuhe. Jetzt ist Karel an der Reihe, ein 73-jähriger Mann, früher Busfahrer in Assen, mit metastasierendem Lungenkrebs und COPD. Er schlurft in Sanders Sprechzimmer. Aus seiner Nase ragen die beiden Schläuche seiner Nasenbrille, die er trägt, um zusätzlichen Sauerstoff zu bekommen. Zum Gehen braucht er einen Stock, doch damit kommt er gut zurecht, auch wenn er nur langsam vorankommt. Da seine Frau auf eines der fünf Enkelkinder aufpasst, begleitet ihn heute seine Tochter. Sie geht zwei Schritte hinter ihrem Vater, trägt seinen Mantel und eine verfärbte Plastiktüte aus dem Supermarkt, in der er seine Lesebrille, die Zeitung, ein Rätselbuch und einen Stift aufbewahrt.

Als er Sander gegenüber auf dem Stuhl Platz nimmt, muss er sich einen Moment lang erholen. Sander lächelt, schaut ihn direkt an und fragt fröhlich, wie es denn so läuft. Karel sagt mit herrlichem Drenther Akzent, dass man sich nicht beklagen darf. „Na ja", sagt Sander, „das darf man schon, aber Sie tun es nie." Karel lacht kopfschüttelnd, seine Stimme klingt heiser. „Nein, nein, das darf ich nicht, dann kriege ich zu Hause Ärger." Auch die Tochter lacht: „Von mir wird Mutter es nicht erfahren."

Sander holt sich die neuesten Aufnahmen von Karels Lunge auf den Bildschirm, dreht ihn halb zur Seite, damit Vater und Tochter sie gut sehen können, und sagt, er dürfe eigentlich auch nicht klagen. Der Tumor ist deutlich zu sehen, aber er ist seit einiger Zeit nicht mehr gewachsen, nachdem er durch die Chemotherapie zunächst stark geschrumpft war. Die Metastasen in Karels Leber sind nicht mehr sichtbar. Und die Medikamente zur Behandlung von COPD wirken optimal, sodass Karel viel weniger kurzatmig ist. Er nickt zustimmend. „Ich fühle mich auch gut", sagt er. „Was Sie über die Metastasen gesagt haben: Heißt das, dass ich doch wieder gesund werden kann?" Sander schüttelt den Kopf. „Nein, so schön ist es nun auch wieder nicht. Es bedeutet, dass die Immuntherapie sehr gut hilft", erklärt er. Die Tochter springt auf. „Kann mein Vater damit noch lange Freude am Leben haben?"

„Auf jeden Fall."

„Jahre?"

„Das wissen wir nicht genau."

Jetzt fährt Karel mit einem Scherz dazwischen. „Stell dem Doktor nicht so schwierige Fragen, der hat noch den ganzen Tag vor sich."

Ich bin auf dem Weg zu einem Kongress für Pflegkräfte, auf dem ich einen Vortrag über Schmerzen und Atemnot in der Sterbephase halten soll.

Kranke Menschen haben oft Angst, dass sie ersticken werden. Es ist schlimm, dass sie sich darüber so viele Gedanken machen. In der Praxis kommt Ersticken in der Endphase nämlich selten vor, weil es sich mithilfe von Medikamenten recht einfach verhindern lässt. Zudem ist Sterben häufig ein schleichender Prozess und die Sterbenden sind dann schon (sub-)komatös.

Wenn dies den Patienten und ihren Angehörigen, die auch ohne Angst vor dem Ersticken schon mehr als genug Gründe haben, um traurig und ängstlich zu sein, doch nur häufiger rechtzeitig erklärt würde. Das geschieht sehr selten, denn über das Ersticken zu sprechen bedeutet, über das Sterben zu sprechen, und das ist eine Hürde, um die viele Ärzte lieber einen großen Bogen machen.

Wir Ärzte sollten mit Schreckgespenstern wie dem Ersticken empathischer umgehen, weniger abwartend. Viele Menschen sprechen das selbst nicht an, davon muss man ausgehen. Sie denken manchmal sogar, dass Ersticken zum Sterben dazugehört, denn schließlich bedeutet tot zu sein, dass man nicht mehr atmet, und nicht mehr atmen zu können, bedeutet zu ersticken. Warum sollte man also den Arzt mit Fragen über etwas belästigen, das unvermeidlich ist? Der Arzt kann sowieso nichts dagegen tun und hält das vielleicht für eine dumme Frage.

Wir helfen den Patienten nicht, indem wir über Horrorszenarien schweigen, auch nicht aus dem wohlwollenden Gedanken heraus, dass es für sie entsetzlich ist, damit konfrontiert zu werden. Noch schlimmer ist, wenn Patienten sich Gott weiß wie lange über den Erstickungstod Gedanken machen, während man ihnen als Arzt in wenigen Sätzen erklären könnte, warum sie sich keine Sorgen machen müssen. Dies sollte Teil eines Gesprächs über eine vorausschauende Versorgungsplanung sein. Ich werde später noch weiter auf ACP eingehen, was auch ein Thema des Kongresses ist.

Wie viel Zeit bekomme ich noch dazu?

Lassen Sie mich mit der physischen Seite von metastasierendem Krebs beginnen: dem Angriff der Medizin auf die bösartigen Zellen. Bei Lungenkrebs, meinem Fachgebiet, sind in 85 Prozent der Fälle Metastasen vorhanden. Das heißt, wir können nur noch lebensverlängernd behandeln, nicht mehr heilen: Die Krankheit steht sozusagen nicht mehr im Flur des Apartmenthauses und überlegt, ob und durch welche Tür sie gehen wird, sie ist schon irgendwo hineingeschlüpft und lässt sich nicht mehr dauerhaft vertreiben, auch wenn man sie für eine Weile noch sehr kleinhalten kann. Die Behandlungen, die uns zur Verfügung stehen, sind Immuntherapie, Chemotherapie oder eine Kombination dieser beiden systemischen Therapien, wie sie genannt werden. Gegen Brustkrebs kann man auch noch eine Hormontherapie einsetzen.

Welche Behandlung jemand erhält, hängt von der Art des Tumors ab. Mit der Chemotherapie beginnt man am besten so schnell wie möglich. Sie besteht in der Regel aus vier Behandlungen im Abstand von drei Wochen. Kurz, aber wirkungsvoll, könnte man sagen, obwohl diese Wirkung auch Nachteile hat, weil sie unangenehme Nebenwirkungen mit sich bringt. Die Medikation tötet zwar die Krebszellen effektiv ab, beeinträchtigt aber auch andere sich schnell teilende Zellen erheblich. Was zur Folge hat, dass die Patienten manchmal ihre Haare verlieren – vor allem bei der Chemotherapie gegen Brustkrebs, meine Patienten sind davon eher selten betroffen – und Magen-Darm-Probleme bekommen (Verstopfung, Übelkeit, Durchfall, Aphten im Mund oder eine Kombination dieser Symptome). Glücklicherweise gibt es immer mehr gute Mittel, um dies auszugleichen. Übelkeit – eine häufig auftretende, leidige Nebenwirkung – lässt sich gut bekämpfen. Auch gegen Durchfall und Verstopfung können wir viel tun.

Die Immuntherapie wird dagegen alle drei bis sechs Wochen über einen längeren Zeitraum verabreicht. Fast jeder, der an metastasiertem Lungenkrebs erkrankt ist, erhält sie heutzutage, allerdings nicht länger als zwei Jahre, denn es ist nicht erwiesen, dass sich eine längere Verabreichung noch zusätzlich auf die Überlebenszeit auswirkt. Das Immuntherapeutikum wird dem Körper durch eine Infusion zugeführt, genau wie die Chemotherapie, aber sie wirkt sich anders aus. Man muss sich das so vorstellen: Die Krebszellen liegen hinter einem Lappen versteckt und bleiben so für das Immunsystem unzugänglich. So können sich diese Zellen ungestört teilen und ausbreiten, bis sie entdeckt werden. Bei Lungenkrebs ist dies oft erst spät der Fall, weil es in der Lunge keine Schmerznerven gibt und man den Tumor selbst nicht spürt.

Die Immunmedikation schafft es, diesen Lappen wegzuziehen, wodurch das Immunsystem wachgerüttelt wird und denkt: Oh, Moment mal, wir haben es hier mit bösartigen Zellen zu tun, die wir verjagen müssen, es gibt etwas zu tun! Dieser Angriff ist also viel konzentrierter und zielgerichteter. Das Immunsystem denkt, diese gefährliche Gruppe dort drüben ist das Ziel, das wir treffen müssen, und agiert nicht wie die Chemotherapie nach dem Motto: Wir müssen auf alles schießen, was die gleiche Eigenschaft hat, nämlich alles, was sich schnell teilt.

Auch die Nebenwirkungen der Immuntherapie sind in der Regel nicht so gravierend. Allerdings kann ein überaktives Immunsystem, das gut gegen den Krebs arbeitet – der ihm oft nicht gewachsen ist –, eine unerwünschte Immunreaktion in anderen Organen auslösen. Die Patienten können aufgrund einer Immunreaktion der Haut Juckreiz bekommen (was leicht zu beheben ist), ihr Magen-Darm-System kann aus dem Gleichgewicht geraten (was sich meistens beheben lässt, manchmal aber auch nicht, und dann müssen wir die Behandlung abbrechen), und sie können Schilddrüsenprobleme bekommen, die häufigste Nebenwirkung der Immuntherapie. Die Hormone in der Schilddrüse reagieren sehr empfindlich auf die Medikamente, was zu einer Beschleunigung oder auch Verlangsamung des Stoffwechsels führen kann. Im ersten Fall verliert man unverhältnismäßig schnell an Gewicht, man fühlt sich ständig aufgedreht und unruhig. Bei einer langsam arbeitenden Schilddrüse ist es genau umgekehrt: Man ist müde, lethargisch und nimmt schnell zu. Andere zusätzliche Medikamente können die Schilddrüse allerdings wieder auf den rechten Weg bringen.

Im Übrigen durchläuft längst nicht jeder die zwei Jahre Immuntherapie. Es kommt regelmäßig vor, dass sich die bösartige Erkrankung in der Zwischenzeit doch wieder verstärkt und der Patient stirbt oder wir die Therapie abbrechen, weil klar ist, dass sie nichts mehr bringt. Manchmal muss man die Immuntherapie auch wegen schwerwiegender Nebenwirkungen beenden, etwa wegen anhaltenden schweren Durchfalls oder einer schweren autoimmunen Lungenentzündung.

Ob wir sowohl eine Chemo- als auch eine Immuntherapie verabreichen, hängt vom so genannten PD-L1-Rezeptor ab: einem Protein, das als eine Art Bremse dient, um das Immunsystem unter Kontrolle zu halten. Ist die Menge dieses Rezeptors hoch, sollte man nur eine Immuntherapie durchführen. Ist sie gering, wird eine Kombination verabreicht.

Bei Lungenkrebs treten regelmäßig Metastasen im Kopf auf. Dagegen wirken beide Therapien nicht besonders gut. Bestrahlung ist bei den meisten Formen von Lungenkrebs dann günstiger. Manchmal kann der Tumor auch dazu führen, dass jemand ständig Blut hustet oder sogar Blut erbricht. Das ist beängstigend und bedrohlich und hat letztlich Blutarmut (Anämie) zur Folge. Oft entscheiden wir uns dann, den Tumor gleichzeitig mit oder vor der systemischen Therapie mehrmals zu bestrahlen, um ihn zu verkleinern. Der Bluthusten und das Erbrechen hören dann auf. Außerdem setzen wir alles daran, dass der Patient die systemische Therapie möglichst gut übersteht. Oft ernähren sich die Menschen schon eine ganze Weile lang schlecht, also ergänzen wir ihre Ernährung durch Energydrinks mit Mineralien, Vitaminen und Nährstoffen. Schlafen die Patienten schlecht, versuchen wir, daran etwas zu ändern. Werden sie anämisch, geben wir ihnen Blut. Leiden sie unter Schmerzen, beispielsweise aufgrund von Knochenmetastasen (die sehr schmerzhaft sind), sorgen wir natürlich für ausreichende Schmerzlinderung. Bei sehr heftigen Schmerzen können wir die Knochen auch bestrahlen.

Ich kann jedoch nicht oft genug betonen: Alles, was wir Ärzte in diesem Stadium gegen die Krankheit tun, ist Teil eines palliativen

Prozesses. Der Patient leidet an einer Form von Krebs, die tödlich ist. Daran führt kein Weg vorbei. Deshalb sollte meiner Meinung nach jede Behandlung, die wir durchführen, in erster Linie darauf abzielen, möglichst hohe Lebensqualität für diesen einen Patienten zu erreichen, und in zweiter Linie darauf, sein Leben zu verlängern. Ich sehe und höre oft, dass Menschen, auch Ärzte, dies umdrehen und die Behandlung in erster Linie als Mittel sehen, das Leben möglichst zu verlängern: Noch da zu sein, ist dann der Ausgangspunkt. Ich wünsche mir, dass bei den Überlegungen zu möglichen Behandlungen viel häufiger die Lebensqualität an erster Stelle steht.

Alex, ein 74-jähriger Mann mit Lungenkrebs und Metastasen, schlurft am Arm seiner Frau ins Sprechzimmer. Auf seine Anweisung hin hilft sie ihm vorsichtig in den Stuhl direkt vor Sanders Schreibtisch. Sie fragt, ob es so in Ordnung ist, und als er nickt, setzt sie sich neben ihn. Auf der anderen Seite sitzt sein Sohn aus früherer Ehe, ein großer, schüchtern wirkender Mann um die 40.

Sie suchen Sander nun schon zum dritten Mal auf. Die Diagnostik haben sie bereits erhalten, das Gespräch darüber hat stattgefunden, die Aufnahme liegt vor: kleinzelliger Lungenkrebs mit Lebermetastasen, deutlich sichtbar auf dem Scan. Die Krankheit ist aggressiv und bereits weit fortgeschritten; Alex war zu spät dran. Die Phase, in der Operieren und Heilen möglich gewesen wären, ist vorbei. Der Hausarzt rief Sander Anfang der Woche an, um ihm mitzuteilen, dass sich Alex' Zustand rapide verschlechtert, vor allem, weil er keinen Appetit mehr hat.

Sander fragt, wie es ihm geht. Alex sagt: Nicht besonders. Sander fragt die Frau und den Sohn, wie es ihnen geht. Die Frau sagt, sie mache sich Sorgen um Alex. Der Sohn nickt.

Sander skizziert die verschiedenen Szenarien und schlägt vorsichtig vor, dass Alex unter dem Gesichtspunkt der Lebensqualität auch in Betracht ziehen könne, keine systemische Therapie zu beginnen, da er nun bereits ziemlich schwach und stark abgemagert ist. Mit einer guten Palliativversorgung könnten die letzten Monate dann friedlich verlaufen. Die Botschaft kommt nicht an. Alex will überleben und er will leben, koste es, was es wolle. Er reißt die Augen auf. In seinem Blick liegen Überraschung und Verwirrung. Auch Empörung. „Natürlich werden wir etwas unternehmen, Herr Doktor. Das ist meine erste Krankheit", sagt er mit zittriger Stimme. „Bis vor Kurzem bin ich noch 30 Kilometer am Tag geradelt. 50 habe ich mit Leichtigkeit geschafft. Wer weiß, was mir eine Therapie bringen wird."

Sander nickt. Er ist geduldig, verständnisvoll und offen für Alex' Wünsche. In gewisser Weise muss er das auch sein. Alex erfüllt, wenn auch nur knapp, die Mindestbedingungen für den Beginn einer systemischen Therapie. Der sogenannte Performance Score, eine Art Barometer, überwacht die Grenzwerte, ob jemand noch behandelt oder nicht mehr behandelt wird. Verbringt jemand zum Beispiel mehr als die Hälfte des Tages im Bett oder auf der Couch, weil er nichts anderes mehr tun kann, kommt eine Behandlung nicht infrage.

Sander warnt, dass die Behandlung drastisch sein wird und dass die Reihe von Chemotherapien möglicherweise nicht zu Ende geführt werden kann, wenn Alex noch schwächer wird. Er könnte sogar an den Folgen der Nebenwirkungen sterben.

Alex hört, was er sagt, scheint es aber nicht aufzunehmen. Nach kurzem Schweigen sagt er, dass er immer wieder an die Fahrradtouren durch die Drenther Heidefelder denken muss. Noch vor ein paar Jahren fuhr er locker 80 Kilometer an einem Tag. Das hier wird er auch schaffen.

„Die Wahrscheinlichkeit, dass es Ihnen in Ihrem letzten Lebensabschnitt durch die Therapie ziemlich schlecht gehen wird, ist groß", gibt ihm Sander zu bedenken. Auch das überzeugt ihn nicht. Alex sagt: „Ja, aber ich habe doch jetzt schon metastasierenden Krebs, oder etwa nicht? Wie viel schlimmer kann es denn noch werden? Wenn wir nichts tun, wird das doch sicher auch zu einem Ende mit großem Leiden führen?"

„Das muss es nicht", antwortet Sander, „denn dafür haben wir eine gute Palliativversorgung." Alex schüttelt abwehrend den Kopf. „Das will ich nicht." Er sieht seine Frau an.

„Nein, oder was denkst du?"

Sie lächelt ihn an und sagt: „Nein, dafür ist es noch zu früh."

„Gut", sagt Sander, „dann beginnen wir mit der systemischen Therapie und behalten Sie genau im Auge. Wenn es zu schwer wird, reden wir weiter."

So schwierig es auch ist, die Prognose abzuschätzen, fast jeder möchte eine Therapie. Das ist völlig verständlich. Es gibt in uns einen Urtrieb zu überleben. Er wird aktiviert, wenn wir in Gefahr sind, zum Beispiel, weil man uns sagt, dass wir unheilbar krank sind. Bei Krebs springt der Überlebensinstinkt gewissermaßen sofort an. Weltweit werden ständig wirksame neue Behandlungsmethoden und Medikamente für die häufigsten bösartigen Tumorarten und Metastasen entwickelt. Sie finden in den Medien große Beachtung, und so entsteht allmählich die Überzeugung, dass wir Menschen auch den metastasierenden Krebs so weit unter Kontrolle haben, dass der Tod zu einem absoluten Feind geworden ist, der mit allen verfügbaren Waffen bekämpft werden muss. Sterben heißt verlieren, aufgeben und im Kampf gegen das Unbesiegbare scheitern.

Diese Einstellung verlängert und vergrößert möglicherweise unser Leiden, wenn wir eine Krankheit bekommen, für die weder Ärzte noch Patienten eine Heilung finden können. Es besteht die Gefahr, dass das Leben des Kranken, des Betreuers und anderer Angehöriger von Behandlungen, Untersuchungen, Nebenwirkungen, der Behandlung der Nebenwirkungen und nicht zuletzt von der schrecklichen Ungewissheit, die damit einhergeht, beherrscht wird.

In Gesprächen mit meinen Patienten ziehe ich oft den Parkplatz des Krankenhauses als Metapher für eine konkrete Schwierigkeit und eine zusätzliche, nicht zu unterschätzende „Nebenwirkung" heran. Auf diesem „Parkplatz" herrscht immer reger Betrieb, es gibt viel zu wenige Plätze für die Besucher. Alle fahren endlos Runden auf dem Platz. Wer schlau ist, fährt schon früher von zu Hause los, weil er weiß, was für ein Katastrophengebiet ihn erwartet. Die Zeit und Mühe, die es kostet, einen Parkplatz zu ergattern, verursacht viel Stress und löst manchmal sogar Panik aus, wenn der Arzttermin näher rückt und das Auto immer noch nicht abgestellt ist.

Was ich mit der Parkplatz-Metapher sagen will, ist, dass alles, was mit der systemischen Therapie einhergeht, eine riesige Beeinträchtigung der Lebensqualität zur Folge hat. Was noch schlimmer ist, wenn man das Wissen miteinbezieht, dass ein Patient so oder so an der Krankheit sterben wird. Die Erkenntnis, wofür man so etwas tut, ist mit der Aussicht auf Heilung anders als mit der Aussicht auf vier oder fünf zusätzliche Monate.

Ich sehe bei all meinen Patienten mit so geringen Aussichten, wie wichtig die Arzttermine sind. Hat der Krebs auf die Behandlung reagiert? Haben sich die Metastasen vermindert oder sind sie in der Anzahl und Größe gleichgeblieben? Haben sich die Symptome verändert? Wenn ich ehrlich bin, sehe ich oft, dass die Leute dadurch jetzt schon ein bisschen aufhören zu leben. Während ich als Arzt und Mensch dann gerade denke: Jetzt ist die Zeit gekommen, das Leben wertzuschätzen und von allem und jedem Abschied zu nehmen. Ich glaube nicht an „Bucket Lists", aber es gibt so viel, was man, auch wenn man krank ist, noch tun kann, und das sollte man nicht vergessen. Es muss ja nicht gleich eine Reise durch Patagonien sein. Wenn man furchtbar gerne Vögel beobachtet, würde man dann nicht lieber noch sieben Mal in einem Naturschutzgebiet auf die Suche nach einem seltenen Vogel gehen, statt sich sieben Chemotherapien zu unterziehen, die einen so sehr schwächen, dass man keine halbe Stunde mehr mit dem Fernglas unter einem Baum stehen kann? Das sind Fragen, die von Ärzten und Pflegekräften zu selten gestellt werden.

Natürlich bin ich nicht im Entferntesten gegen lebensverlängernde Behandlungen, ich hoffe, dass das deutlich geworden ist. Doch ich wünsche mir sehr, dass Menschen in dieser lebensverlängernden Phase auch weiterhin *leben.* Das ist meine Botschaft. Damit dies häufiger der Fall ist, müssen wir lernen, anders über die unscharfe Grenze zwischen Lebensverlängerung und Leidensverlängerung nachzudenken. Mit „wir" meine ich: Ärzte, Patienten, diejenigen, die Regeln aufstellen, und die, die sie umsetzen, aber auch einfach jeden auf der Straße, der (noch) nicht krank ist. Natürlich müssen wir unheilbar kranken Menschen Therapien anbieten, die ihnen zusätzliche Monate oder womöglich ein paar Jahre verschaffen, aber wenn diese Zeit größtenteils aus Leiden besteht, müssen wir auch den Mut haben, die Therapie zu beenden. Und wir sollten diesen Mut in größerem Maßstab finden, wenn es normal wird, im Sprechzimmer und außerhalb davon über den Tod zu sprechen.

Wenn ich im Sprechzimmer Krebspatienten mit einer schlechten Prognose gegenübersitze, sage ich immer, dass ich einen roten Knopf auf meinem Tisch habe. Dieser rote Knopf steht dafür, auf-

zuhören. Ich kann ihn drücken und sie können ihn drücken. Danach werde ich weiterhin für sie tun, was ich kann.

Gerwin, ein todkranker 79-jähriger ehemaliger Postbote und dreimaliger Elfstedentocht-Teilnehmer (ein Langstreckenrennen im Eisschnelllauf), kommt in die Sprechstunde. Er sitzt Sander zurückgelehnt gegenüber, während der ihm die verschiedenen möglichen Maßnahmen erklärt, um ihn noch eine Weile am Leben zu halten. Gerwins Gesicht spricht Bände: Er ist von all dem nicht sehr begeistert. Seine beiden Töchter haben Notizbücher auf dem Schoß und beugen sich vor, um nichts zu verpassen. Sie sagen, ihr Vater werde sich einer Chemotherapie unterziehen; er selbst sagt das nicht. Oder anders ausgedrückt, er sagt wohl „Ja, ich will das", aber er scheint es für sie zu tun.

Sander möchte mit Gerwin unter vier Augen sprechen, um ihn zu fragen, was ihm noch wichtig ist. Wie sieht für ihn heute und in drei Monaten ein guter Tag aus? Was will er noch? Wer will er sein?

Einen Moment lang überlegt Sander, ob er die Töchter bitten soll, sich auf dem Flur eine Tasse Kaffee zu holen, damit er ein paar Minuten mit ihrem Vater allein sprechen kann. Dann verzichtet er jedoch darauf. Die Töchter kümmern sich aus Liebe und Sorge so intensiv um ihn. Sie würden Sanders Bitte nicht akzeptieren, wären vielleicht sogar beleidigt, und das würde die Situation für Gerwin erschweren.

In den folgenden Wochen wird Gerwin die volle Ladung Chemotherapie verabreicht. Für eine Immuntherapie kommt er nicht infrage. Die Metastasen reagieren auf die Medikation mit Stillstand: Sie breiten sich nicht aus. Zum nächsten Termin erscheinen die Töchter und Gerwin in ziemlich guter Stimmung, trotz der Nebenwirkungen, deren körperliche Auswirkungen nicht ausbleiben.

Eine Woche nach dem Check-up bekommt Gerwin eine schwere Darminfektion. Es geht ihm so schlecht, dass die Chemotherapie unterbrochen wird. Es dauert eine Weile, bis die Infektion unter Kontrolle ist. Gerwin nimmt mehrere Kilo ab und kann das Bett nicht mehr verlassen. Sander entscheidet, dass eine Fortsetzung der Therapie unverantwortlich und sinnlos ist. Er drückt also auf den roten Knopf. Die Töchter sind wütend. Gerwin ist es nicht. Er habe seit Beginn der Behandlung nur wenige gute Tage gehabt, sagt er, als Sander ihn anruft. Er habe auch nichts anderes erwartet, fügt er hinzu.

Dieses Gefühl strahlte er auch aus, als er zurückgelehnt im Sprechzimmer saß: Bitte lasst dieses Gespräch an mir vorbeigehen, ich bin nicht hier. „Der menschliche Lebenswille ist stark", sagt Sander. „Gewiss, Herr Doktor", stimmt Gerwin zu, „auch der Wille, für andere zu leben. Und das ist auch in Ordnung so. Meine Mädchen wollten alles versuchen und ich daher auch. Nun, das haben wir getan. Und jetzt ist es gut. Ich will wieder ihr Vater sein, nicht ihr Patient." Er lacht: „Und Ihrer auch nicht mehr."

Die erste Frage, die Menschen stellen, wenn sie in meine Praxis kommen, um die Diagnose und die Behandlung zu besprechen, ist: Wie viel Zeit bekomme ich dazu? Ich erkläre dann, dass Patienten mit metastasiertem Lungenkrebs, die nur eine Chemotherapie erhalten, im Durchschnitt noch ein Jahr leben, einschließlich der Zeit der Behandlung, in der sie alle drei Wochen eine Chemo bekommen. Ohne diese Behandlung würde die (verbleibende) Lebenserwartung etwa neun Monate betragen. Sie gewinnen also etwa drei Monate, wobei es heute auch immer häufiger zu Ausreißern von vier, fünf oder sechs Monaten mehr kommt.

Ich weise immer auf die Tücken, aber auch auf den *Silberstreif am Horizont* hin: Sie sind nicht Herr oder Frau Durchschnitt, Sie sind Herr oder Frau De Vries, und Sie werden also nie genau der Schätzung entsprechen, was der frustrierenden Fußnote bedarf, dass sich Abweichungen vom Durchschnitt in beiden Richtungen ergeben können.

Ein großer Fortschritt ist die Entwicklung der Immuntherapie, mit der nicht minder frustrierenden Fußnote, dass die längere zusätzliche Zeit ohne vielfache Nebenwirkungen nur einer relativ kleinen Gruppe von Lungenkrebspatienten zugutekommt. Wir wissen nur im Vorfeld nicht genau, wer das Glück hat, zu dieser Gruppe zu gehören.

Eine Tante meiner Partnerin erkrankte vor sechs Jahren an Lungenkrebs, der sich mit Metastasen ins Gehirn ausbreitete. Die Metastasen konnten entfernt werden, und ihr Lungenkrebs sprach hervorragend auf die Immuntherapie an. Sie bekam sie zwei Jahre, und der Krebs steht seither still. Ohne Behandlung. Ich hatte kürzlich einen Patienten, dem es ähnlich erging. Bei ihm ist der Krebs nicht einmal mehr sichtbar. Und er ist nicht der Einzige.

Es gibt zudem noch eine kleine Gruppe von Menschen mit einer bestimmten Genmutation. Diese Patienten bekommen Tabletten, die gut wirken: wenig Aufwand, wenig Nebenwirkungen, viel zusätzliche Zeit. Solche Erfolgsgeschichten finden bei Krebskranken großen Anklang, das merke ich in meiner Praxis. *Man-weiß-nie-welche-Wunder-die-Welt-noch-bereithält*, ist das Szenario, an dem man sich allzu gerne festhält, wenn man nicht mehr viel zu verlieren hat. Dafür habe ich alles Verständnis. Natürlich denkt man: Auch ich könnte dieser Immuntherapie-Patient sein, bei dem die Scans nach vier Jahren keine Krebszellen mehr zeigen. Und natürlich will man dann so lange wie möglich herausfinden, *ob* man dieser Patient ist.

Das macht die Gespräche im Sprechzimmer jedoch manchmal schwierig. Ja, die Situation hat sich verbessert und wird sich weiter verbessern, aber zu sagen, dass es für die Gesamtgruppe der Lungenkrebspatienten mit Metastasen wesentlich besser aussieht als etwa vor fünf Jahren, ist einfach nicht richtig. Und währenddessen bleibt aufgrund dieses verständlichen Wunsches nach Therapie bei den Ärzten wie auch bei den Patienten und Angehörigen viel zu wenig Raum für die anderen drei Bereiche der Palliativmedizin: die emotional-psychologische Seite, den sozialen Bereich und die Sinngebung.

Das werfe ich auch mir selbst vor. Ich habe wirklich nicht genug Zeit, um neben all den medizinisch-technischen Aufgaben auch noch den anderen Bereichen volle Aufmerksamkeit zu widmen. Die Patienten werden von den onkologischen Pflegekräften betreut. Diese können sich zwar etwas mehr Raum dafür nehmen, aber in der Praxis ist das aufgrund der begrenzten Zeit auch oft nur in enttäuschendem Maß möglich. Zum Glück haben wir die Hausärzte. Sie leisten unglaublich viel. Es gibt auch immer mehr hervorragende ehrenamtliche Initiativen, wie die sogenannten Sinngebungshäuser und Anlaufstellen für unheilbar Kranke. Dort kann man einen Kaffee trinken und sich mit jemandem unterhalten, der sich alle Zeit nimmt, um über den Teil des eigenen Lebens zu sprechen, der jetzt noch übrig ist, darüber, was man damit anfangen und wie man diese Zeit noch sinnvoll gestalten kann.

Um über die Schwelle eines solchen Sinngebungshauses zu treten, muss man jedoch zunächst bereit sein, von der Idee, alles sei machbar, ein wenig Abstand zu nehmen. Wenn man mitten in einer schweren Behandlung steckt und schon die nächste experimentelle Therapie im Internet gefunden hat, ist an ein solches Abstandnehmen allerdings kaum zu denken.

Mir begegnen auch nur sehr wenige Menschen, die eine lebensverlängernde Behandlung auf halbem Weg abbrechen, weil sie sich zu sehr auf ihre Lebensfreude auswirkt. Die Patienten senken eher ihre Ansprüche und nehmen eine Menge Schmerzen und Nebenwirkungen in Kauf. Ich denke oft: Lasst uns einfach aufhören! Aber meistens sage ich es nicht, weil ich das Gefühl habe, dass die Patienten das nicht wollen. Wir hören in der Regel nur dann auf (und fast immer auf unsere Initiative hin), wenn der Krebs trotz der Behandlung wächst oder die Krebssymptome zusätzlich zu den Nebenwirkungen bestehen bleiben. Noch einmal: Die Menschen sind bereit, immer mehr Elend in Kauf zu nehmen, solange sie das Gefühl haben, dass sie dadurch am Leben bleiben oder länger am Leben bleiben.

Advance Care Planning

Marike de Meij, eine Amsterdamer Allgemeinmedizinerin, die am Onze Lieve Vrouwe Gasthuis arbeitet und sich auf Palliativmedizin spezialisiert hat, erzählte mir kürzlich eine Geschichte von einer jungen Frau, die die Geburt ihres Kindes von A bis Z in einem Geburtsplan festgelegt hatte. Doch es kam anders: Die Geburt fand nicht in der Badewanne, sondern im Krankenhaus mit einem Kaiserschnitt statt. Die Frau war wütend darüber, sehr wütend sogar.

Wir kamen bei unserem Gespräch über ACP auf sie zu sprechen. Denn wenn man unheilbar krank ist, sollte man rechtzeitig über den Tod sprechen, damit man nicht wütend stirbt, denn das ist für alle Beteiligten furchtbar schlimm und traurig. Der Zweck eines solchen Gesprächs sollte die Vorbereitung sein und nicht das Verbeißen in eine Planung wie in dieser Geburtsgeschichte. „Was war Ihnen wichtig, bevor Sie krank wurden? Was macht einen Tag noch zu einem guten Tag? Welche Wünsche haben Sie jetzt? Was möchten Sie ausdrücklich nicht?“ Das sollte im Mittelpunkt der vorausschauenden Versorgungsplanung stehen: darüber zu sprechen, was auf dem Weg zum Tod noch kommen könnte.

Das lässt sich nicht mit einem einzigen Gespräch erreichen und es geht auch nicht um einen festgelegten Moment. Eine gute ACP besteht aus mehreren Gesprächen, die vorzugsweise jedes Mal von denselben Personen geführt und dokumentiert werden, damit man deutlich im Blick behält, wie sich die Wünsche eines Menschen auf seinem oft überraschend gewundenen Weg bis zu seinem Ende verändern.

Marike erzählte mir auch von einem jungen Mann, der nach einem kurzen und schweren Krankheitsverlauf starb. Sie hat mit ihm viel über seine Stimmungen gesprochen. „Zwischen Hoffnung und Realismus sind meine Tage ziemlich gut“, sagte er einmal in einem solchen Gespräch zu ihr.

Diesen Satz werde ich so schnell nicht vergessen. Er spiegelt für mich wider, wie das Leben für Menschen mit unheilbaren Krankheiten und einer schlechten Prognose aussieht. Manchmal liegen Hoffnung und Realismus weit auseinander; manchmal driften beide aber auch ganz allmählich auseinander. Die Hoffnung dieses Mannes wandelte sich von „noch einmal mit Freunden nach Paris fahren“ zu „es wäre schön, morgen frisch gewaschene Laken zu haben“. Die Frage ist also: Was macht einen Tag noch zu einem guten Tag – heute, morgen, diese Woche?

In der Welt der Palliativmedizin steht ACP ganz oben auf der Agenda. Sie wird von allen Seiten wissenschaftlich erforscht und ist in aller Munde. Das freut mich natürlich, aber ich hoffe und wünsche mir dabei, dass wir nicht auf ein Protokoll zusteuern, das wir aus der Schublade ziehen können, sondern ACP etwas Persönliches und Intimes bleibt.

Viele Dinge sind ohnehin so wichtig, dass sie angesprochen werden – ob man reanimiert werden will oder nicht, ob man auf die Intensivstation verlegt werden will oder nicht, ob aktiv eingegriffen werden soll, wenn das Leiden groß wird und wenn ja, in welcher Weise –, aber lassen Sie den Patienten in der Diskussion, soweit es geht, das Heft in der Hand behalten. Das Ziel der ACP sollen keine Urteile sein: Das geht, das geht nicht. Hören Sie gut zu, denken Sie gut nach, wenn Sie als Arzt oder Ärztin ein Aufklärungsgespräch führen. Manchmal ist es sinnvoll herauszufinden, was hinter einem Wunsch steckt, zum Beispiel wenn jemand weiterhin optimal mit systemischer Therapie behandelt werden will, obwohl das Ende deutlich in Sicht ist. Zu kämpfen, bis man untergeht, ist erlaubt. Das sollte beachtet und respektiert werden. Das heißt aber nicht, dass man nicht darüber reden darf. Welches Ziel hat der Betreffende vor Augen? Will er auf seine Tochter aus Australien warten oder gibt es noch immer Hoffnung auf Besserung?

Auch Verleugnen ist erlaubt, wie ich von Marike gelernt habe. Ärzte und Pflegekräfte, aber auch informelle Betreuer und andere Angehörige sollten sich vor allem nicht in den Gedanken verrennen: Sprich darüber, denn dann wird dein Tod schöner. Manchmal wollen Menschen nicht über ihren Tod sprechen, weder mit einer hoffnungsvollen noch mit einer realistischen Perspektive darauf. Das schließt eine vorausschauende Versorgungsplanung nicht aus. Es gibt immer etwas, worüber man reden kann. Oder wie Marike sagt: ACP ist eigentlich eine Geschichte über einen Menschen, der krank ist und nicht wieder gesund wird. Die Geschichte mag lang oder kurz, detailliert oder überblicksartig sein, doch sie sollte allen im Umfeld des Betreffenden klar sein. Das verringert die Wahrscheinlichkeit, dass jemand wütend von uns geht, und darum sollten wir uns immer bemühen.

Jannie

Jannie Oskam ist eine Frau in den 60ern, die schon seit Jahren mit metastasierendem Brustkrebs lebt. Über diesen eigenartigen Seinszustand hat sie ein Buch geschrieben: *Tussenland* (Zwischenland). Jannie kann klar, ehrlich und mit Humor von ihrem Leben in diesem Zwischenland erzählen, einem palliativen Bereich, in dem immer mehr Krebspatienten landen, oft für Jahre. Ihre Geschichten sind auch für Menschen mit anderen unheilbaren Krankheiten, die einen langen Verlauf haben können, nachvollziehbar.

Als ich sie bei einem Zoom-Gespräch frage, wie es ihr geht, sagt Jannie, dass sie Corona hat. Ich reagiere mit einem erschrockenen „Oh, Shit", aber Jannie schiebt das beiseite. Der Virus mache ihr nicht viel aus, sie sei froh, dass sie ihn jetzt hat und nicht erst, wenn sie mitten in der neuen Chemotherapie steckt, die sie bald beginnen wird.

Sie fände es auch nicht beängstigend oder seltsam, neben ihrem Krebs nun auch noch krank zu sein, sagt sie. „Es ist eigentlich eine Art Erleichterung. Jeder kennt Corona, fast jeder hat schon einmal damit zu tun gehabt. Die Leute trauen sich einfach, mich deswegen anzurufen oder mit mir zu chatten: Wie geht es dir, welche Symptome hast du, wo hast du dich angesteckt? Mit anderen Worten:

Wenn es um Corona geht, zeigt niemand mehr Scheu oder Unbehagen. Wenn es um Krebs geht, allerdings schon, denn sie verstehen nicht, was ich habe. Leidensgenossen natürlich schon, aber die muss ich mir zum Beispiel in Patientenverbänden suchen. Dagegen ist nichts einzuwenden, im Gegenteil, aber sich mal kurz mit einem Bekannten, der nicht an Krebs erkrankt ist, über Beschwerden und Heilmittel auszutauschen, ist oft nicht möglich.

Wie es ist, einen angekündigten Tod vor Augen zu haben, wissen die anderen nicht. Also ja, ich hatte eine sehr schöne Woche, muss ich sagen. Auch eine besondere, mit viel Aufmerksamkeit und netten Gesprächen. Es fühlt sich zudem gut an, dass mein Körper trotz seiner Krankheit diesen Virus überwunden hat. Zwar mit beträchtlicher Hilfe eines Impfstoffs, aber immerhin."

Sie habe gehört, dass es Patienten gibt, die mit ihrem Buch bewaffnet ins Krankenhaus kommen, erzählt Jannie weiter. „'Schauen Sie, hier steht, dass jedes Krankenhaus ein Palliativteam haben sollte. Mit dem möchte ich auch Kontakt aufnehmen', sagen die Leute dann. Es erstaunt mich bis heute, dass jemand, der sehr krank ist, immer noch selbst nach einer Palliativversorgung fragen muss. Bei mir war das auch so. Während der Chemotherapie bin ich für einige Stunden in einen Zustand verminderten Bewusstseins gefallen. Alle dachten: Das ist das Ende, aber ich selbst wusste, dass das nicht der Fall war. Ich machte meine Augen wieder auf. Der Arzt, der inzwischen eingetroffen war, ein mir unbekannter Stellvertreter meines Hausarztes, sagte: ‚Wir machen mit der Chemo weiter.' Das war an einem Freitag, früh am Abend. Ich sagte: ‚Nein, ich will ein Bett und Morphin, denn ich habe ständig Atemnot. Und ich will Schlaftabletten, denn ich bin völlig kaputt und brauche erst einmal Ruhe.'

‚Liebe Frau', antwortete der Arzt leicht gereizt, ‚Sie haben eine aggressive Form von Krebs. Wir müssen ihn mit einer aggressiven Chemotherapie behandeln, und zwar sofort.' Das war für mich der Anlass, nach einem Palliativteam zu fragen. Es war absurd. Alle außer mir dachten, ich würde sterben, aber *ich* war diejenige, die daran dachte, nach palliativer Unterstützung zu rufen. Sie boten mir allerdings an, einen Seelsorger kommen zu lassen. Für eine Menge Menschen ist das in einem Sterbeprozess zweifellos wichtig, aber mir vermittelte das in diesem Moment das Gefühl, dass ich auf dem Sterbebett liege, und so fühlte es sich nicht an, ganz gleich, wie ernst meine Lage auch war."

2013 spürte Jannie, dass sie einen Knoten in ihrer Brust hatte. Er erwies sich als ein acht Zentimeter großer bösartiger Tumor. Eine Untersuchung sechs Monate zuvor war ohne Befund gewesen. Jannie fragte sich, ob die Verantwortlichen damals geschlafen hatten. Und hat später noch eine Beschwerde dazu eingereicht.

Weil der Tumor so groß war, wurde eine extrem starke Therapie eingeleitet. Am Ende des Jahres ging es ihr körperlich wieder einigermaßen gut, aber mental lag sie völlig am Boden. In der Zeit, die sie brauchte, um sich zu erholen, schrieb sie ihr erstes Buch mit dem Titel: *Zo gaan we het doen (So werden wir vorgehen)*. Es ist eine Anspielung auf die Ärzte, die ihr den Behandlungsplan erläuterten: *„So werden wir vorgehen."*

Was hast du gedacht, als ein Arzt das zu dir sagte?

„Wir? Meine Güte, ich bin eigentlich überhaupt nicht gefragt worden, dachte ich damals. Meinen Job als Organisationsberaterin hatte ich inzwischen verloren. In diesem zweiten Jahr war ich zwar auf den Beinen, aber in einem Firmenwagen mit einem Laptop durch die Niederlande zu fahren, um sechs Uhr aufzustehen und einen Termin nach dem anderen abzuklappern, das konnte ich einfach nicht mehr. Obgleich ich mich durchaus für arbeitsfähig hielt – wenn auch auf eine etwas andere Art und Weise –, wurde ich dennoch für arbeitsunfähig erklärt.

Nach dieser ersten Chemotherapie galt ich für eine Zeit lang als geheilt. Zumindest sprachen sie ständig davon, dass ‚nichts nachweisbar' sei. Was bedeutet, dass der Krebs auf Aufnahmen und Scans nicht zu sehen ist, also ist er vielleicht verschwunden. Vielleicht ist er auch noch da, aber so klein, dass selbst die besten Hightechapparate ihn nicht erkennen. Ich habe fünf Jahre lang Hormone gegen das Wiederauftreten des Krebses eingenommen, aber 2019 hat es mich dann hart getroffen: Er war wieder da und hatte Metastasen gebildet. Davon gibt es keine Heilung mehr. Ich bekam eine sechsmonatige Behandlung, während der ich entsetzlich krank war. Ich hatte unter anderem einen halben Liter Flüssigkeit in meinem Herzbeutel. Das schien mir eine Menge. Zwei Mal haben sie sie abgesaugt. Sehr beängstigend für eine Normalsterbliche."

Ein halber Liter ist viel. Dann kann sich das Herz manchmal gar nicht mehr ausdehnen, und es besteht die große Gefahr, dass es akut aussetzt.

„Ich weiß. Dass ich noch hier bin, ist ein Wunder. Das genieße ich auch. Das bringt mich zu einem wichtigen Punkt: Patient zu sein ist etwas, das man lernen muss. Man muss seinen eigenen Weg finden, denn man ist fast völlig auf sich allein gestellt, ganz gleich, wie viele Menschen und Organisationen einem auch helfen wollen. Patient zu bleiben ist auch etwas, das man lernen muss. Die Behandlungen hören bei mir nicht mehr auf. Zumindest habe ich jetzt zwei Monate zufällig keine Chemo, aber ich hoffe, dass ich bald mit etwas Neuem beginnen kann. Dafür musste ich in ein anderes Krankenhaus verlegt werden. Die Prognosen sind gut, was eine längere Lebenserwartung angeht. Ziemlich spektakulär sogar. Der Arzt im neuen Krankenhaus sagte: ‚Hoho, Sie sehen das alles viel zu rosig.' Wieso, dachte ich. Unter der vorherigen Behandlung, die anderthalb Jahre dauerte, habe ich kaum gelitten. Ja, ich musste es einen Tag ein wenig ruhiger angehen lassen, aber dann ging es wieder. Das scheint bei dieser Behandlung anders zu werden. Wir werden sehen."

Wenn du dich nun gut fühlst – mal abgesehen von Covid, was dich eigentlich auch wenig beeinträchtigt –, denkst du dann nicht manchmal: Warum sollte ich mich noch einmal behandeln lassen, wenn ich doch weiß, dass ich mich danach vielleicht mies fühlen werde?

„Ja, natürlich denke ich darüber nach. Aber der Krebs beginnt doch schon wieder schnell zu wachsen, wenn ich eine Zeit lang nichts bekomme, daher bin ich sehr motiviert, wieder anzufangen. Und dann einfach mal sehen, wie es läuft."

Sieht das Leben in einer langfristigen Palliativbehandlung dann in etwa so aus: von einer Behandlung zur nächsten gehen und, die letzte Phase vor sich herschiebend, versuchen, das Beste daraus zu machen, während man zwischen den Behandlungen und den Nebenwirkungen einen Weg sucht?

Jannie nickt. „Ich denke schon. Jedes Mal, wenn man mit etwas Neuem beginnt, muss man sich fragen: Will ich das? Seit Metastasen gefunden wurden, hatte ich bei den Behandlungen so gut wie keine Beschwerden, also will ich noch eine Weile weitermachen. Wenn ich eine Behandlung bekomme, bei der ich mich furchtbar mies fühle, werde ich mich entscheiden müssen, ob ich sie in der Hoffnung auf bessere Zeiten fortsetzen will oder damit aufhöre, oder ob ich nach etwas anderem suche, das vielleicht auch wirkt, aber weniger schlimm ist.

Das Seltsame ist, dass man nichts im Voraus planen kann. Ein einfaches Beispiel: Im Januar war Ausverkauf. Ich dachte: Eigentlich muss ich mir einen neuen Wintermantel kaufen, denn meiner fängt an, so fusselig zu werden. Aber nun, bin ich denn im nächsten Winter noch da? Ich kam zu dem Schluss, dass ein Ausverkauf wohl noch drin ist. Also ja, es ist schon seltsam, auch in praktischer Hinsicht. Ich kann jetzt drei Monate im Voraus planen, und das ist schon etwas Besonderes, finde ich. Wenn mich jemand fragt, ob ich in sechs Monaten zu einer Hochzeitsfeier kommen möchte, sage ich: Sehr gerne, aber ich weiß nicht, ob ich noch da sein werde."

Könnte man sagen, dass dein Leben hauptsächlich im Zeichen der Krankheit steht?

„Gelegentlich. In einer Phase, in der ich intensiv über eine neue Behandlung nachdenke, bin ich Tag und Nacht damit beschäftigt, dann spreche ich auch viel darüber."

Sie nimmt einen Schluck Wasser. „Lass es mich so sagen: Ich lebe auf zwei Gleisen, dem Gleis der Krankheit, der Behandlungen, der Nebenwirkungen, der Ergebnisse und des Wissens, dass ich sterben werde, und dem Gleis des Lebens, das ich kannte und liebte, mit der Einstellung: Versuche, alles aus dem Leben herauszuholen. Diese Gleise wechseln sich ab. Wir haben gerade ein paar Wochen auf La Palma verbracht. Ich brauchte dort ein paar Tage, um in Stimmung zu kommen. Bis ich dachte: Leute, scheiß auf die Krankheit, ich mache jetzt einen schönen Urlaub. Ich habe es wahnsinnig genossen. Ich brauche noch keine neue Behandlung. Ich fühle mich jetzt pudelwohl und bin froh. Das wird sich wahrscheinlich wieder ändern, ich weiß es nicht."

Wie fühlen sich gewöhnliche, alltägliche Dinge an? Lebensmittel einkaufen, die Post beantworten, den Garten pflegen, zum Friseur gehen?

Fühlt es sich in der Phase, in der du dich befindest, irgendwie banal an? Denkst du: Sollte ich mich nicht die ganze Zeit in tiefgründigen Gesprächen ergehen und mich mit den Dingen beschäftigen, die ich am liebsten tue? Oder ist es gerade schön, auch einfach noch Teil des normalen Lebens zu sein, indem man Wäsche zusammenlegt?

„Darauf gibt es unterschiedliche Antworten. Kleine Dinge sind unheimlich schön. Sie können mir aus einem Tal heraushelfen. Wenn ich niedergeschlagen bin, fühle ich mich gleich viel besser, wenn ich Wäsche mache oder Unkraut jäte. Das ist nichts Spektakuläres, klar. Aber es macht mich glücklich. Man kann nicht den ganzen Tag ein großartiges Leben führen, das macht einen todmüde. Daran ist gar nicht zu denken, jetzt nicht und auch nicht, als ich noch keinen Krebs hatte. Im Gegenteil, ich erfreue mich intensiv an den kleinen Dingen, das könnte man durchaus großartig nennen. Ich lasse die Dinge zudem bewusst auf mich wirken, auch wenn man dann leicht an der Frage ‚Wie lange noch?' hängen bleibt. Dann fällt der Glanz wieder vom Leben ab, und es glänzt gerade deshalb, weil ich nicht weiß, wie oft ich noch die Wäsche machen kann.

Es ist und bleibt kompliziert. Meine Tochter war neulich für ein paar Tage hier, sie hat gerade ihre Ausbildung beendet und ist von einem Aufenthalt in den Vereinigten Staaten zurückgekehrt. Sie hat eine neue Stelle angetreten. Ich habe ihren Besuch so genossen. Es war so gemütlich. Wenn ich dann anfange zu überlegen, wie oft ich sie wohl noch sehen werde, werde ich traurig, während das Zusammensein durch das bewusste Genießen und das Wissen, dass es nicht ewig dauern wird, gerade auch den Glanz bekommt."

Es schwingt immer ein „Aber" mit?

„Ja. Ich möchte das Leben in vollen Zügen genießen, doch dem ‚Aber' entkommt man nie ganz. Das muss man ein bisschen mitdenken. Der Grund, warum ich so voll und ganz leben und mir das bewusst machen will, liegt auch in dem Wissen, dass mir der Tod angekündigt worden ist."

Du wirst keine Neunzig werden.

„Nein.“

Aber wir sind keine Roboter, die einen Knopf „genießen“ und einen Knopf „grübeln“ besitzen, es ist ein vages Ganzes.

„Ich versuche, das schon zu steuern. Wenn ich merke, dass ich niedergeschlagen bin, setze ich mich dagegen aktiv zur Wehr. Das funktioniert auch. Wenn ich mir fest vor Augen halte, dass es wirklich schade wäre, den Rest meines Lebens zu vergeuden, und dann etwas Kleines unternehme, sehe ich in der Regel wieder Licht, meistens jedenfalls, und das Ganze relativiert sich. Aber ja, man braucht auch seine Anfälle dunkler Stimmungen, denn man muss schon das ein oder andere wegstecken und sich vielem stellen – dazu gehört auch Schwermut.

Umgekehrt ist es genauso. Wenn ich eine Zeit lang herumgeschwirrt bin und gefeiert habe, möchte ich auch der anderen Seite – der Akzeptanz des Todes – wieder etwas Raum geben. Es ist eigentlich ein selbstregulierender Thermostat, der im Allgemeinen gut funktioniert. Ich begegne manchmal Menschen mit metastasiertem Krebs, die sehr depressiv sind. Das ist ziemlich übel. Es kann jeden treffen, auch Menschen, die von Natur aus immer fröhlich gewesen sind. Ich hoffe, dass mir das erspart bleibt. Ich wehre mich dagegen, aber ob ich die Depression von mir fernhalten kann, wenn ich um die letzte Ecke biege, weiß ich nicht. Das weiß niemand.“

Spielt der Charakter eine Rolle? Du wirkst wie ein ziemlich lebensfroher Mensch.

„Ich bin nicht wirklich lebensfroh. Aber zäh. Das habe ich von meiner Mutter gelernt. Sie konnte aus Nichts etwas machen. Wir waren zu siebt zu Hause und kamen gerade so über die Runden, aber sie konnte aus einem kleinen verschrumpelten Blumenkohl einen großen Topf köstliche Suppe zaubern. Sie sagte immer: ‚Hauptsache, ich habe bei all dem Schlamassel eine Perspektive.‘ Pech ist Teil des Lebens – damit ist ihre Generation aufgewachsen: Irgendwann stirbt man. Vielleicht wird man krank. Das nahm man hin. Man litt, hatte Mitgefühl mit anderen und unterstützte sich, aber es wurde nicht gejammert, das war einfach so.“

Ein Fixpunkt am Horizont ist für jeden wichtig. Wie sieht dein Fixpunkt aus?

„Mein Fixpunkt ist das Sterben. Das kann auf unterschiedliche Weise geschehen. Ich denke darüber nach, ich spreche darüber."

Der Fixpunkt ist, gut zu sterben. Kann ich das so sagen?

„Ja, gut zu sterben. Und der Weg dahin, der Abschied, sollte auch gut sein."

Für mich gehört das zu einem guten Sterben dazu. Die Vorbereitung auf den Tod und das Abschiednehmen sind untrennbar mit dem eigentlichen Sterbeprozess verbunden. Aber es scheint mir ziemlich schwer zu sein, sich wirklich mit dem eigenen Tod zu beschäftigen. Machst du das oft, Jannie, darüber nachzudenken, wie es sein wird?

Jannie fängt an zu weinen. „Ich muss doch jetzt darüber nachdenken. Wegen meiner Krankheit, aber auch einfach, weil ich älter werde, kannte ich Menschen, die friedlich gestorben sind. Sie sind sanft weggeglitten – als hätte man eine Tasse abgestellt, wie der Arzt und Schriftsteller Bert Keizer sagt. Aber ich höre auch schreckliche Geschichten von Menschen, die ersticken." Sie schluchzt.

Jannie, ich habe schon viele Menschen sterben sehen, und ich habe so gut wie nie erlebt, dass jemand erstickt ist.

„Ich schon. Eine gute Bekannte von mir. Es gab Absprachen über palliative Versorgung und aktive Sterbehilfe. Die wurden nicht eingehalten, weil sie einen miesen Hausarzt hatte, der selbst nicht den Mut dazu hatte und niemanden hinzuzog, um ihm dabei zu helfen.

Aufgrund ihrer grässlichen Geschichte – und es gibt viel zu viele solcher Geschichten in den Niederlanden – weiß ich gut, worum ich bitten muss, worauf ich ein Recht habe und welche Anlaufstellen es gibt. Aber ich habe durch diese Geschichten auch Angst bekommen. Deshalb werde ich meine Sterbehilfe nun doch in die Wege leiten, bevor es zu spät ist, auch wenn ich eigentlich viel eher für einen allmählichen und weniger für einen abrupten Übergang bin. Ich wage es einfach nicht, darauf zu vertrauen, dass der allmähliche Übergang gut und rechtzeitig geregelt werden wird, und ich habe Angst, dass ich dann selbst nichts mehr tun kann."

Der Mangel an Können und Wissen ist es, gegen den wir entschieden vorgehen müssen. Genau darum geht es. Hast du das Gefühl, dass die Palliativversorgung, so wie du sie dir wünschst, jetzt für dich zu haben ist, hast du Zugriff darauf?

Jannie macht ein nachdenkliches Gesicht. „Das hängt vom Krankenhaus ab. Im vorherigen Krankenhaus hatte ich durchaus dieses Gefühl. Wo ich jetzt bin, habe ich erst mit einem Arzt gesprochen. Ich fühle mich noch nicht sicher. Ich kenne die Menschen noch nicht, auf die ich mich verlassen muss, wenn es so weit ist. Ich arbeite jetzt an meinen Sicherheitsmaßnahmen."

Was ist das Wesentliche, das Patienten wie du benötigen?

„Menschen, die mit ihrem Sachverstand und ihrem Engagement für einen da sind, die sich um einem kümmern, wenn man es braucht. Du kommst allein und du gehst allein, sagt das Sprichwort. Das ist eigentlich Unsinn. Ja, du bist es, der das Leben in deinem Körper beginnt oder beendet, aber niemand fällt allein aus heiterem Himmel und niemand geht allein wieder in den Himmel. In diesen Situationen sind andere Menschen dabei.

Wenn es für einen selbst so weit ist, so wie es bei mir der Fall ist, braucht man Hilfe, selbst wenn man ein mündiger und eigenwilliger Typ ist. Man will Formen und Regelungen in Absprache mit anderen. Und wenn man selbst nicht mehr in der Lage ist, die Dinge zu steuern, muss es andere geben, die das ohne große Mühe übernehmen können, weil sie wissen, wie es ablaufen soll, welche Wünsche man hat, wovor man sich fürchtet, worauf man besteht und worauf man weniger Wert legt."

Advance care planning?

„Auf jeden Fall. Man muss das auch intensiv mit Familienmitgliedern und/oder anderen nahestehenden Menschen besprechen, die auf deinem Regiestuhl Platz nehmen sollen, wenn du das selbst nicht mehr kannst. Dabei sollte man ehrlich sein. Wenn dein Mann jemand ist, dem es schwerfällt, sich durchzusetzen, solltest du noch jemand anderen bitten, ihm bei dieser Aufgabe beizustehen. Das geht nur, wenn man sich traut, über den Tod zu sprechen. Versuche, ein Sicherheitsnetz aufzuspannen. Gehe pragmatisch vor. Urlaub ist etwas Herrliches, aber der Urlaub des Experten für Palliativpflege, mit dem man immer alles besprochen hat, ist für einen selbst eine Katastrophe, wenn der ausgerechnet in die Wochen fällt, in denen es mit einem plötzlich schnell bergab geht und man in die terminale Phase kommt."

Auf der anderen Seite sollte man vielleicht auch noch ein bisschen flexibel bleiben und etwas Empathie zurückgeben wollen und sie nicht nur von anderen erwarten, selbst wenn man derjenige ist, der krank ist und stirbt. Das führt dazu, dass die eigene Welt größer bleibt.

„Das tut es. Es ist nur so, dass die Konfrontation mit dem Bewusstsein, dass das Leben immer weitergeht, mit sich bringt, dass man manchmal unsicher ist. Natürlich sollen alle um dich herum in den Urlaub fahren und ihren Kindern im Schwimmbad zujubeln dürfen, wenn sie ihre Schwimmabzeichen machen. Das gönnt man jedem von Herzen und sollte das auch, aber manchmal denkt man bei sich doch: Puh."

Möchtest du etwas über Einsamkeit erzählen und die Notwendigkeit, sich von Menschen umgeben zu wissen, die einen verstehen?

„Einsamkeit ist eines der größten Probleme, wenn man unheilbar krank ist und weiß, dass man stirbt. Ich habe viele liebe Menschen um mich herum. Tolle Kinder, einen tollen Ehemann, tolle Verwandte, tolle Freunde, in meiner Straße gibt es lauter nette Klubs. Der Punkt ist jedoch, dass die meisten Menschen nicht wissen, was sie fragen sollen, und wenn man ihnen selbst etwas erzählt, schauen sie einen wortlos mit großen Augen an.

Die Menschen, mit denen man gut reden kann, haben es selbst konkret miterlebt. Außer meinem Mann gibt es bei mir noch drei weitere Menschen. Eine meiner Freundinnen hat ihren Mann durch Krebs verloren, eine andere hat ihren kleinen Bruder als Kind verloren – sie arbeitet nun in einem Hospiz – und die Dritte hat ihre Tochter durch Krebs verloren. Denen muss ich nichts erzählen, und das bringt einen weiter. Ansonsten sind viele Menschen in meiner näheren Umgebung interessiert – sie wollen wissen, wie es läuft, und hoffen natürlich, dass es gut läuft –, aber daraus entwickelt sich selten ein Gespräch darüber, wie es ist, mit einer tödlichen Krankheit zu leben. In diesem Sinn ist es ziemlich einsam."

Wodurch gewinnen die Gespräche mit denjenigen, die deine Situation gut nachvollziehen können, an Tiefgang?

„Durch das Reden über Kummer, den Umgang mit verschiedenen Situationen, in die man unweigerlich gerät, die Auswirkungen auf die Beziehungen, das Liebesleben, die Arbeit, den Freundeskreis, die körperlichen *Ins and Outs*. Man kann über alles reden und findet sofort Verständnis. In einem solchen Gespräch fühlt man sich die ganze Zeit unterstützt und hat gleichzeitig das Gefühl, dabei auch den anderen zu unterstützen, und das gibt einem dann wiederum das schöne Gefühl, nützlich zu sein.

Was einem auch das Gefühl von Einsamkeit vermittelt, fällt mir nun gerade ein, ist eine Geburtstags- oder Weihnachtsfeier, bei der man sich in der Gruppe umschaut und denkt: Ich bin hier die Einzige, die bald sterben wird, für euch alle geht es noch weiter. Nächstes Jahr seid ihr wieder hier, wie ich weiß, da Marietje ihren Geburtstag immer feiert, und ich werde dann wahrscheinlich nicht mehr dabei sein. Mein Name wird fallen, bestimmt einige Male, aber vielleicht nicht allzu oft, denn schließlich will man die Stimmung nicht verderben. Ich kann das niemandem verdenken, so läuft es einfach."

Ich kann mir vorstellen, dass dich dabei mitunter eine Art fast kindliche Eifersucht überkommt. Und dass das bestimmt verstörend ist, denn du bist natürlich auch froh, dass die Freunde, Bekannten, Verwandten, Nachbarn, Kollegen, die Leute vom Skat-Club nicht unheilbar krank sind. Aber du selbst willst es ebenfalls nicht sein und bist es doch. Für sie sieht die Welt anders aus: Sie sind im Ungewissen über die Umstände ihres Todes, du nicht. Das mag für die Gruppe womöglich nicht verbindend wirken, man nimmt es als selbstverständlich hin, aber dich als einzige Patientin in der Geburtstagsgesellschaft macht es einsam, egal, wie lieb alle sind und wie sehr alle so tun, als gehörtest du auch noch zu denen, die über die Umstände ihres Todes im Ungewissen sind.

Jannie schweigt einen Moment. Dann sagt sie, sie sei noch nie wütend gewesen. „Nur tieftraurig. Ich kenne durchaus viele Menschen, die wütend werden und es manchmal auch bis zu ihrem Tod bleiben. Das ist schade. Sie berauben sich dadurch der Möglichkeit, auf gute Weise Abschied zu nehmen. Es ist schwer, mit sich ins Reine zu kommen, wenn man dem Tod ständig aus dem Weg geht.

Ich war in einer Selbsthilfegruppe für unheilbar Kranke. Vor zwei Jahren habe ich dort die für mich damals drängende Frage gestellt, wie man mit den Kindern umgehen soll. Der Gesprächsleiter nannte sieben, acht Fragen, die man ihnen stellen könnte. Fragen wie: Hast du noch ein Hühnchen mit mir zu rupfen? Was wirst du am meisten vermissen? Was brauchst du, um ohne mich zurechtzukommen? Ich habe diese Fragen einmal an meinen Kindern ausprobiert. Sie schauten mich an und sagten: Was redest du denn da? Für sie war das alles noch weit weg. Inzwischen haben wir einen Weg gefunden, der für uns gangbar ist. Manchmal sagen wir auch einfach: Ich habe das Gefühl, wir sollten wieder einmal darüber reden, aber ich weiß nicht so genau, worüber. Hast du eine Idee?"

Traut ihr euch auch, über die letzten Wochen oder Tage zu sprechen?

„Im Moment – jetzt, da es, soweit ich weiß, noch ein bisschen hin ist – geht es vor allem um praktische Fragen. Willst du in ein Hospiz? Willst du zu Hause bleiben? Was ist dafür nötig? Zuerst wollte ich meine Beerdigung im Voraus regeln, aber davon bin ich wieder abgekommen. Mein Mann sagte: Es ist unser Abschied von dir. Lass uns das machen."

Was spürst du jetzt, in dieser Behandlungsphase, von der Palliativversorgung?

„Im Moment nicht besonders viel. Aber sobald ich keine Behandlungen mehr bekomme, trete ich in die letzte Phase ein. Das kann hart werden. Oder vielleicht auch nicht. Ich lebe von Tag zu Tag. Früher habe ich Achtsamkeit praktiziert. Ich muss sagen, dass ich das sehr genossen habe. Ich bin ziemlich gut darin, im Moment zu leben. Und wenn ich das tue, fühle ich mich auch am besten. Heute Morgen habe ich ein schönes Foto von einigen Tulpen gemacht. Dass ich mich für eine bessere Palliativversorgung engagiere, hilft mir ebenfalls. Man muss weiterhin einen Grund haben, morgens aufzustehen. Das kann auch etwas Kleines sein."

Ich stimme Jannie vollkommen zu. Meiner Erfahrung nach ist es für kranke Menschen besonders wichtig, ihren tagtäglichen Verrichtungen weiterhin nachzugehen. Das möchten sie auch gerne. Sie wollen ihre eigene Welt bewahren, das Selbstvertrauen, das sie daraus schöpfen können, und die Möglichkeit, selbst noch etwas zu dieser Welt beizutragen, für die Menschen in dieser Welt etwas zu tun. Die Krankheit existiert, sie hat einen einerseits verändert, andererseits aber auch nicht. Sinn schöpft man daraus, dass man die Jannie bleibt, die man war. Ich höre das oft in meiner Sprechstunde: Ich will Marieke sein, ich will Henk bleiben. Niemand will auf seine Krankheit reduziert werden. Deshalb ist eine gute Palliativversorgung so wichtig. Wenn man krank wird, dreht sich fast alles um die Krankheit, aber es gibt noch mehr im Leben. Viele Patienten sagen, dass sie das eher psychisch und sozial belastet als körperlich. Zwischen den Zeilen spricht Jannie viel über Sinn. Davon werden die drei anderen Bereiche der Palliativversorgung stark beeinflusst. Man fühlt sich stärker, wenn man das Gefühl hat, noch dazu zu zählen. Das ist der Wesenskern der Palliativversorgung. Aber eigentlich gilt das nicht nur für die Palliativversorgung, es ist Teil des menschlichen Seins.

Jannie sagt, dass sie es doch wieder aufregend findet, wenn nun eine neue Behandlung beginnt. Das ist für Jannie ein Fixpunkt am Horizont, es wird aber Zeit brauchen, sich daran zu gewöhnen. „Eine neue Phase in meinem Leben, habe ich zu meinem Arzt gesagt. Nein, hat er geantwortet, eine neue Phase der Behandlung. Als ob man das eine vom anderen trennen könnte. Bis jetzt hatte ich ein gutes Leben mit meiner Krankheit – das sage ich oft –, aber mit jeder neuen Behandlung habe ich wieder Angst, dass sich das zum Schlechten hin verändert."

Du bist tapfer, Jannie.

Sie lächelt mich an. „Findest du? Ich habe eigentlich keine Wahl. Wenn ich es nicht in Angriff nehme, ist es vorbei. Ich hoffe, es wird nicht zu schlimm, so gehe ich es an."

Krankheiten hinter verschlossenen Türen

Im vorigen Kapitel habe ich beschrieben, wie das Überbringen schlechter Nachrichten bei Krankheiten mit Organversagen, zu denen COPD und Herzinsuffizienz als die am häufigsten vorkommenden zählen, abläuft und ablaufen sollte. Im Folgenden geht es um den Verlauf dieser unheilbaren und letztlich tödlichen Erkrankungen. Es gibt natürlich noch eine Reihe anderer schwerer Erkrankungen mit Organversagen, die eine kleinere Gruppe von Patienten betrifft, wie etwa Parkinson, ALS oder dauerhafte Bettlägerigkeit nach einem Hirninfarkt.

Als Lungenarzt kenne ich mich mit diesen Erkrankungen weniger aus, aber ich habe sie im Hinterkopf, weil sie häufig auch einen langwierigen Verlauf haben und oft von vorübergehenden akuten Verschlechterungen gekennzeichnet sind. Und nicht zuletzt, weil sie im Hinblick auf die Möglichkeiten der sozialen Interaktion und der Problematik der Sinngebung vergleichbar sind.

COPD und Herzinsuffizienz

Die Abkürzung COPD steht für „chronic obstructive pulmonary disease". Bei COPD liegt eine Obstruktion (Verschluss) in Form einer Verdickung der Atemwege vor, wodurch weniger Sauerstoff eingeatmet werden kann. Die Ursache dafür ist häufig, dass jemand raucht oder starker Luftverschmutzung ausgesetzt ist. Es handelt sich um einen irreversiblen Entzündungsprozess. Im Lauf der Zeit führt die chronische Entzündung zu Narbengewebe in den Bronchien. Dabei werden auch die Lungenbläschen zerstört, was als Lungenemphysem bezeichnet wird. COPD ist eine fortschreitende, unheilbare Krankheit, an der Menschen sterben, wobei die Krankheit in der Regel jedoch schleichend und langsam fortschreitet. Die Lebenserwartung nach der Diagnose kann 10, 15, manchmal 20 Jahre betragen.

Weiterhin zu rauchen, begünstigt das Fortschreiten der Krankheit erheblich. COPD-Patienten haben oder bekommen zudem häufig Herzprobleme, da die Atemwege sehr stark belastet werden. Sie entwickeln beispielsweise Herzrhythmusstörungen oder eine Herzinsuffizienz – Erkrankungen, die ähnlich verlaufen wie eine COPD.

Das erste Symptom ist fast immer Energieverlust: Die Betroffenen werden bei Anstrengung kurzatmig und ermüden schneller. Der medizinische Fachausdruck dafür ist „verminderte Belastungstoleranz“. Oft leiden die Patienten auch unter einem Husten mit starker Schleimbildung, der einfach nicht weggeht. Zunächst denkt man oft, dass etwas mit dem Herzen nicht stimmt.

600.000 Niederländer leiden an COPD[7]. Diese Erkrankung ist also sehr weitverbreitet. Der Hausarzt behandelt sie zunächst, indem er ihnen einen Inhalator verschreibt. Die Gabe von Sauerstoff entspannt die kleinen Muskeln in den Bronchien, sodass der Patient besser atmen kann.

Es sind Hunderte von Inhalatoren im Umlauf, der Handel damit ist der größte pharmazeutische Markt in den Niederlanden. Man kann die Symptome oft über Jahre hinweg damit bekämpfen.

Im Lauf der Zeit verschlechtert sich der Zustand der COPD-Patienten. Eine deutliche Verschlechterung tritt oft infolge eines Lungenanfalls ein, bei dem sich die Atemwegsmuskeln akut so heftig zusammenziehen, dass man unter panischer Atemnot leidet und ins Krankenhaus muss. Ein Lungenanfall ist der häufigste Grund für die Aufnahme eines COPD-Patienten ins Krankenhaus.

Die Krankheit verlangt den Betroffenen in diesem Stadium eine Menge ab. Kurz mal den Flur zu saugen oder die Wäsche in die Waschmaschine zu stopfen, ist nicht mehr möglich, ganz zu schweigen davon, arbeiten zu gehen oder sich die frischrestaurierte *Nachtwache* im Rijksmuseum anzusehen. Patienten mit fortgeschrittener COPD können mit regelmäßiger Sauerstoffzufuhr durch die Nase und einem Rollator vielleicht noch ein paar Hundert Meter gehen.

Glücklicherweise kommen längst nicht alle in diese Phase. Wie bereits erwähnt, handelt es sich bei COPD um eine Krankheit mit einem langwierigen Verlauf, die in der Regel Ältere befällt. Bei Menschen unter 50 findet man sie eigentlich selten. Die meisten Patienten sind über 70. Oft sterben sie an etwas anderem, bevor die COPD in die letzte Phase eintritt oder ihr Leben sozusagen in Geiselhaft nimmt. In den Niederlanden wird bei etwa 7000 Todesfällen pro Jahr COPD ausdrücklich als Todesursache auf dem Totenschein angegeben.[8] Ich glaube, dass die tatsächliche Zahl viel höher liegt, weil bei älteren Menschen oft nicht klar ist, woran sie genau sterben. COPD greift ständig das Immunsystem an, sodass beispielsweise die Flimmerhärchen in den Atemwegen – ein lokales

Immunsystem – nicht mehr richtig funktionieren. Worüber sich dann Bakterien und Viren freuen, denn sie können sich so leicht einnisten, was das Risiko einer Lungenentzündung erhöht. Wenn jemand dann daran stirbt, wird die Lungenentzündung als Todesursache angegeben, aber in Wirklichkeit war die COPD der „Übeltäter".

Hanneke, eine 75-jährige alleinstehende Frau, wird als Akutfall in die Notaufnahme eingeliefert. Sie leidet seit zehn Jahren an COPD. Die Krankheit schwelte lange Zeit in ihr, ohne dass die Symptome zu einer sichtbaren Schwächung führten. Leider hat sich ihr Zustand im letzten Jahr deutlich verschlechtert. Sie kann das Kohlendioxid in ihrem Blut nicht mehr ausreichend ausscheiden. Dies ist ein häufiges Übel bei COPD, zusätzlich zu einer sich verschlechternden Sauerstoffaufnahme.

Der Krankenwagen bringt Hanneke ins Krankenhaus. Sie ist bewusstlos und sehr kurzatmig. Auch das Herz schlägt nicht mehr richtig. Die Mitarbeiterin ruft Sander an, der seit Jahren ihr Lungenarzt ist. „Was sollen wir tun?", fragt sie. „Soll sie in die Pneumologie eingewiesen werden? Soll sie an ein Beatmungsgerät angeschlossen werden?" Das ist eine schwierige Frage. Ohne Beatmung ist das Sterberisiko hoch, aber mit Beatmung ist das Risiko hoch, lange leiden zu müssen. Das könne er nicht sofort beantworten, sagt er der Mitarbeiterin. Er möchte das lieber mit Hanneke gemeinsam besprechen. Kurz darauf ruft die Mitarbeiterin an, um zu sagen, dass sie zu sich gekommen, aber immer noch so kurzatmig sei, dass sie jeden Moment wieder ohnmächtig werden könne. Es muss eine Entscheidung getroffen werden. Sander geht in ihr Zimmer, um mit ihr zu sprechen. Hannekes einzige Tochter sitzt neben ihr und hält ihre Hand.

Er schildert ihnen das Dilemma. Hanneke nickt. Sie fände es nicht so schlimm, wenn es jetzt vorbei wäre, sagt sie dann. Ihre Lebensqualität sei ohnehin schon lange erbärmlich. „Marginal" nennt sie sie. Nichts, was ihr früher Freude bereitet habe, könne sie heute noch tun. Selbst ein Kaffeebesuch ist ihr zu anstrengend. Schon wenn sie sich im Bett aufrichtet, wird sie kurzatmig, und beim Reden erst recht. „Das ist kein Leben", sagt sie. „Ich sehe den Tod als eine Erlösung."

Sie beschließen, nicht mit der Beatmung zu beginnen, und Hanneke kommt nicht auf die Intensivstation. Sander gibt ihr eine leichte Dosis Morphin gegen die Kurzatmigkeit und ein besonders starkes Inhalationsmittel. Als Sander sie einen Tag später besucht, ist sie noch am

Leben und stabil. Vielleicht kriegt sie doch noch einmal die Kurve, denkt er. Und tatsächlich: Hanneke erholt sich, soweit das bei schwerer COPD möglich ist. Ein paar Tage später darf sie nach Hause. Dort liegt sie wieder meist im Bett und ist auf familiäre Pflege und den Pflegedienst angewiesen. Ihre Lunge hat noch nicht ganz aufgegeben, kann ihr aber auch nicht wieder aufhelfen.

Theoretisch beginnt der palliative Weg bei COPD in dem Moment, in dem man die Diagnose erhält. Denn weil die Krankheit unheilbar ist, werden wir diesen Weg einschlagen. Wir beginnen tatsächlich jedoch erst, wenn die Antwort auf die Überraschungsfrage „Nein" lautet, also: „Glaube ich, Doktor De Hosson, oder irgendein anderer medizinischer Mitarbeiter, dass Patient A in einem Jahr noch am Leben sein wird? Nein?" Dann öffnen wir die Tür zur Palliativversorgung und beginnen ein Gespräch über advance care planning (ACP)(oder besser gesagt: sollten wir ein Gespräch darüber beginnen, denn das findet oft nicht statt): Lassen Sie uns darüber reden, was Sie noch wollen. Was ist für Sie in dieser Phase Ihres Lebens ein guter Tag? Wie sieht für Sie, angesichts der Symptome, Ihre nähere Zukunft aus? Was kann ich als Arzt tun, um Ihnen bei der Erfüllung Ihrer Wünsche zu helfen? Was darf ich tun? Was soll ich tun?

Marleen (71) ist eine nette und taffe Frau, die schon seit Jahren an COPD leidet. Sie wohnt neben dem Friseursalon, den sie von ihrer Tante übernommen hat, als sie 23 Jahre alt war. Ihre Tochter führt das Geschäft jetzt zusammen mit ihrem Freund. Deren Tochter hilft samstags auch mit, um kleinere Arbeiten wie Kaffeekochen und Haare Auffegen zu erledigen. Bis vor etwa einem Jahr saß Marleen dann auf einem Küchenstuhl neben den Waschbecken und gab Tipps und Tricks zum Besten („Ein geschlossenes Haar ist ein glückliches Haar, daher sollte man die Haare nach dem Waschen mit eiskaltem Wasser spülen. Das erfordert zwar Willenskraft, aber wollen Sie nun schöne Haare haben oder nicht?"). Das kann sie nun nicht mehr. Vom Sprechen wird sie kurzatmig. Das Gehen, selbst die kleine Strecke von ihrem Sofa bis zum Friseursalon, ist zu viel für sie. Jeden Samstagmorgen kommt jetzt ihre Enkelin zu ihr, bevor sie zur Arbeit geht, um ihr ein weichgekochtes Ei zu machen. Marleen kann das nicht mehr selbst. Zum Küchenschrank zu schlurfen, den Topf herauszunehmen, den Wasserhahn aufzudrehen, das Ei ins Wasser zu legen, das Ei abzuschrecken, den Eierbecher bereitzustellen – es scheint nicht viel zu sein, wir tun es, ohne groß darüber nachzudenken, doch für sie ist es ein Marathon. Dass ihre Enkelin nun kommt, um ihr ein Ei zu kochen, findet sie sowohl wunderbar als auch traurig. Traurig wegen der Abhängigkeit, wunderbar wegen des Kontakts, der sonst vielleicht nicht so da gewesen wäre – oder zumindest nicht so regelmäßig.

Eine Folge fortgeschrittener COPD ist die soziale Isolation, selbst bei Menschen, die auf dem Papier noch viele Verwandte und Freunde haben. Sie ziehen sich zwangsläufig aus der Gesellschaft zurück, sie können nicht anders. Sich abends mit dem Enkel, der Düsenjägerpilot werden will, *Top Gun 2* anzusehen, ist einfach nicht mehr drin. Da hilft es auch nicht, sich zu sagen: „Komm, raff dich auf, für dieses eine Mal“. Es geht einfach nicht.

Die Leute sitzen zu Hause. Und auch dort können sie kaum etwas tun. Sie brauchen bei fast allem Hilfe, weil sie keine Kraft haben.

Schmerzen sind bei COPD ebenfalls häufig. Wegen der ständig erhöhten Atemfrequenz bekommen die Betroffenen Schmerzen in den Sehnen und am Übergang von den Rippen zu den Muskeln, vor allem, wenn sie viel husten. Da ihr Immunsystem ständig in Aufruhr ist, entwickeln sie zudem schnell Osteoporose, was zu schmerzhaften Wirbelkörperbrüchen führt. Das ist ein ganz anderer Schmerz als bei metastasiertem Krebs. Zum Ende hin – das viel schneller kommt – haben die Betroffenen so starke Schmerzen, dass sie Morphin brauchen. Bei COPD geben wir Morphin deutlich seltener und erst spät im Verlauf, wenn die Patienten stark kurzatmig sind und Angst haben zu ersticken.

Wenn die Krankheit weiter fortschreitet, stellen wir fest, dass viele Patienten unter Angstzuständen und Depressionen leiden. Angst und Atemnot liegen nahe beieinander: Wenn man Angst hat, fühlt man sich kurzatmiger. Wenn man sich kurzatmig fühlt, wird man immer ängstlicher. Wenn die Patienten zu mir zur Kontrolluntersuchung kommen – in der Regel zweimal im Jahr –, versuche ich daher nicht nur über die Inhalatoren und die Lungenfunktion zu sprechen, sondern auch darüber, wie sie sich fühlen und ob sie sozial noch einigermaßen eingebunden sind. Und – was aufgrund der Langwierigkeit von COPD, Herzinsuffizienz und anderen Krankheiten mit Organversagen wichtig ist –, ob die pflegenden Angehörigen noch zurechtkommen.

Wenn man diese Krankheiten mit der Erkrankung an metastasierendem Krebs vergleicht, sieht man große Unterschiede in der Art und Weise, in der die Lebensqualität abnimmt. Wie mir viele meiner Lungenkrebspatienten erzählen, bleibt bei Krebs die Lebensqualität oft ziemlich lange recht hoch, einigermaßen normal sogar, bis der Moment kommt, von dem an die Krankheit zu wuchern beginnt. Dann geht es schnell abwärts. Bei COPD und Herzinsuffizienz – zwei der häufigsten Krankheiten mit Organversagen – geht es nicht so rasant bergab. Es ist ein allmähliches (jahrelanges) Hinabsteigen ins Tal auf einem nicht besonders steilen Bergpfad. Auch der Punkt, an dem es heißt: „jetzt ist es genug", lässt sich nicht so eindeutig bestimmen, weil die Betroffenen immer noch etwas tun können: Mit einem Buch auf dem Sofa liegen, schöne Musik hören oder alle Dokumentarfilme von David Attenborough anschauen, während der oder die Liebste in der Küche etwas Leckeres brutzelt, das ist doch noch viel wert!

Dennoch erschrecken mich immer wieder die Untersuchungen über die Symptombelastung durch COPD im letzten Lebensjahr. Sie ist extrem hoch, und zwar in jedem Bereich der Palliativversorgung: dem körperlichen, psychischen und sozialen. Was daran liegt, dass die Palliativversorgung bei Krankheiten mit Organversagen hoffnungslos hinterherhinkt. Es gibt sowohl in der Gesellschaft als auch in der Ärzteschaft zu wenig Bewusstsein dafür. Die Krankheiten sind langwierig und unheilbar, werden aber erst nach Jahren akut – das ist für die Aufmerksamkeitsspanne eine große Herausforderung. Wenn man Krebs hat, spricht jeder darüber. Bei dieser Art von Krankheiten, abgesehen von ALS – einer schrecklichen Krankheit, die glücklicherweise nur einen sehr kleinen Teil der Bevölkerung trifft –, ist das jedoch anders. Man bekommt kein rosa Schleifchen als Solidaritätsbekundung für Brustkrebspatienten und es findet kein Wettlauf oder Triathlon zugunsten von COPD- oder Herzinsuffizienzpatienten statt. Diese Krankheiten spielen sich hinter verschlossenen Türen ab. Man sieht sie den Menschen auch nicht wirklich an, bis sie zwei Schläuche in ihre Nase bekommen, weil sie aus eigener Kraft nicht mehr richtig atmen können. Oft sprechen sie die Krankheit selbst auch lieber nicht an, weil sie – wegen des Rauchens als Hauptursache – mit einem Stigma behaftet ist. Die Patienten schämen sich oft dafür. Das ist schlimm, weil sie ohnehin ein schweres Leben haben. Wenn ich mal wieder durch meine Wohnung rase, um ein Ladegerät oder die Gummistiefel meiner Kinder zu suchen, denke ich oft an meine COPD-Patienten, die notgedrungen den ganzen Tag auf dem Sofa sitzen und dann auch noch kaum atmen können. Kurzatmigkeit bei der kleinsten Anstrengung ist keine Seltenheit. Das ist eine scheußliche Situation, aber niemand spricht darüber.

Menschen mit Herzinsuffizienz trifft ein ähnliches Schicksal. Ich spreche manchmal mit dem Kardiologen Bas Bekkers darüber. Er leitet eine Projektgruppe, die sich dafür einsetzt, dass die Palliativmedizin einen höheren Stellenwert auf der Agenda der Kardiologen erhält. Dazu wäre ein Kulturwandel in der Haltung der Ärzte notwendig, was schwierig ist, sagt er – etwas, das ich nur zu gut kenne. Ärzte wollen etwas reparieren, tun, heilen – so, wie sie es in ihrer Ausbildung gelernt haben. Kardiologen sind enorm versiert darin, die Ursache von Herzinsuffizienz zu finden. Sie sind auch gut darin, sie zu behandeln. Weil Herzkrankheiten so weitverbreitet sind, gibt es in der Kardiologie unzählige technische Möglichkeiten, mit denen sie helfen können. Dadurch hat sich auch die Überlebensrate bei Herzinsuffizienz stark verbessert. Herzinsuffizienz ist eine Krankheit im Alter, von der Hunderttausende Menschen betroffen sind. Eine Zahl, die in den kommenden Jahrzehnten aufgrund der Vergreisung der Bevölkerung noch stark ansteigen wird. Auch bei Menschen mit Herzinsuffizienz geht es zunehmend bergab, zunächst langsam und dann immer schneller. Die Kardiologen denken dann: Nun, wir können immer noch etwas tun, Stents, einen Herzschrittmacher oder eine neue Herzklappe einsetzen. Das ist wohl so, aber die Behandlung – im Wesentlichen eine Form der Schadensbegrenzung – sollte in diesem Stadium Hand in Hand mit einer Palliativversorgung gehen. Die Ärzte versuchen den Gesprächen darüber allzu oft auszuweichen, und die Patienten sind verständlicherweise auch nicht gerade erpicht darauf. Und doch muss es stattfinden, vor allem, wenn die Antwort auf die Überraschungsfrage „Nein" lautet. In der ambulanten Herzinsuffizienz-Sprechstunde sollte man nicht nur die Nierenfunktion und die Medikamenteneinnahme im Auge behalten, sondern auch Fragen nach Schlafstörungen und Lebensmüdigkeit stellen oder einfach fragen: „Was erwarten Sie selbst noch von dem Leben, das Sie jetzt führen?"

Dass Palliativversorgung etwas anderes ist als Sterbebegleitung, wissen selbst viele Ärzte nicht, sagte Bas kürzlich. Obwohl wir uns auf dem Papier längst darauf geeinigt haben, dass Palliativversorgung die Sache jedes Arztes und jeder Pflegekraft ist. Derzeit ist es meist noch so: Patienten mit COPD, Herzinsuffizienz, vielen Altersbeschwerden oder einer anderen langwierigen Erkrankung werden behandelt, behandelt, behandelt. Palliativversorgung wird dabei nicht angesprochen. Währenddessen verschlechtert sich der Zustand der Menschen langsam, denn schließlich sind sie krank. Nach einer gewissen Zeit kommt es zu akuten Verschlechterungen, sodass sie im Krankenhaus landen. Nach vier oder fünf Krankenhausaufenthalten heißt es dann: „Wir können jetzt wirklich nichts mehr für Sie tun, lassen Sie uns das Palliativteam des Krankenhauses einschalten." Natürlich ist es großartig, dass es diese Teams gibt, es sollte viel mehr von ihnen geben, aber das entbindet die Ärzte, die nicht einem solchen Team angehören, nicht von der Verantwortung, ihre schwerkranken Patienten, die keine Chance auf Heilung haben, palliativ zu versorgen. Nur wenn jemand verstorben ist, kann man nichts mehr für ihn tun – das sollte die Norm sein.

Marga (76) ist eine COPD-Patientin, die ihre gesundheitliche Verschlechterung an der Beziehung zu ihrem Garten misst, einem augenscheinlich nonchalanten Wildwuchs Dutzender Blumen- und Pflanzensorten, in den – Gartenliebhaber sehen das sofort – Tausende von Stunden liebevoller Arbeit geflossen sind. Sie ging zum ersten Mal zum Arzt, als ihr nach einer halben Stunde Rasenmähen die Puste ausging. Er gab ihr einen Inhalator. Das wirkte Wunder: Marga konnte wieder Rasen mähen. Die Jahre vergingen. Das Rasenmähen war das Erste, das nicht mehr möglich war, trotz eines stärkeren Inhalators. Danach ging es schneller: Unkrautjäten wurde ihr zu schwer, die Rosen selbst zu schneiden war für sie Geschichte, und nach zwei schweren Lungenanfällen war es ihr an einem sonnigen Tag im Mai auch nicht mehr möglich, Dahlien – ihre Lieblingsblumen – zu säen.

Der Zeitpunkt, an dem sie Hilfe beim Atmen brauchte, war für Marga ein trauriger Moment. Sie bekam für zu Hause einen Sauerstoff-Vorratsbehälter und kleine mobile Sauerstoffgeräte, mit denen sie nach draußen gehen konnte. Diese geben eine Stunde lang Sauerstoff ab, gerade genug Zeit für einen Besuch im Gartencenter. Sie ist noch drei Mal dorthin gegangen, dann wurde ihr auch das trotz der Sauerstoffversorgung zu ermüdend und beklemmend. Ihre Söhne und die Nachbarin machen nun die Gartenarbeit. Wenn es das Wetter zulässt, sitzt sie auf der Terrasse, schaut zu und sagt oft, wie dankbar sie ist. Wütend auf ihre Situation zu sein, hat sie sich abgewöhnt. Sie kann immer noch Dahliensamen sortieren und in der schönen Holzkiste aufbewahren, die ihr Enkel für sie gemacht hat. Auch davon profitiert der Garten, denn ohne sorgfältig sortierte Samen gäbe es kein augenscheinlich nonchalantes Blumenmeer.

Demenz: von der Selbstständigkeit zur Abhängigkeit

Alice ist eine ältere Dame, die allein in einer Wohnanlage am Rand einer mittelgroßen Stadt lebt. Sie hat einen Sohn, zu dem sie keinen Kontakt hat. Als es bei einem Sturz zu offenen Wunden an ihren Beinen kommt, wird vom häuslichen Pflegedienst in Zusammenarbeit mit dem Hausarzt ein sogenannter Wundplan erstellt. Doch aus der Umsetzung desselben wird nichts. Jedes Mal, wenn eine Krankenschwester sie besucht, um die Wunden zu verbinden, nimmt Alice die Verbände ab, sobald sie wieder allein ist. Dann wäscht sie die Verbände im Waschbecken, um sie anschließend fein säuberlich zum Trocknen auf die Wäscheleine auf dem Balkon zu hängen. Als der Facharzt für Geriatrie, der an zwei Tagen in der Woche in der Hausarztpraxis aushilft, davon erfährt, denkt er sofort: Da stimmt etwas nicht.

Alice wird auf Demenz untersucht. Der Verdacht bestätigt sich. Sie wird mehr Pflege brauchen. Nach ihrer eigenen Auskunft hat sie keine nahen Familienangehörigen oder Freunde. Eine Betreuerin wird eingesetzt, um Alice zu unterstützen. Sie tut, was sie kann, aber es bleibt mühsam. Alice öffnet oft nicht die Tür oder weist Menschen ab, die ihr helfen wollen. Unterdessen werden die Wunden immer schlimmer, die Gefahr einer Infektion steigt. Auf Bitte des Hausarztes sucht ein Psychologe das Gespräch mit Alice, um herauszufinden, wie man ihr am besten beistehen kann. Der Facharzt für Geriatrie ist bei dem Gespräch dabei. Er fragt Alice, was sie sich wünscht, wenn sich ihr Gesundheitszustand weiter verschlechtert. Darauf kann sie klare Antworten geben. Reanimieren: Nein. Ins Krankenhaus: Nein. Lebensbedrohliche Infektionen mit Antibiotika behandeln: Nein. Kurzum, keine künstlichen Eingriffe mehr. Wenn sich ihr Körper vom Leben verabschiedet, möchte sie, dass man dies bei ihr zu Hause in aller Ruhe geschehen lässt, ohne medizinisches „Affentheater“, um ihr Leben zu verlängern. All dies wird in klaren Worten schwarz auf weiß in verschiedenen Akten festgehalten, auch im Hinblick auf eine mögliche Übergabe an einen anderen Gesundheitsdienst oder behandelnden Arzt.

An einem Samstagnachmittag stürzt Alice, wie das bei gebrechlichen älteren Menschen oft vorkommt. Der Nachbar, der zufällig vorbeikommt, um nach ihr zu sehen, findet sie am Boden liegend. Er wählt den Notruf. Ehe sie sich versieht, liegt Alice auf einem Bett hinter einem Vorhang in der Notaufnahme, obwohl eindeutig vereinbart war, dass nicht eingegriffen werden soll, nicht einmal nach einem Sturz. Eine Fraktur hat sie nicht, aber die Notärzte sehen die Wunden an ihren Beinen und beschließen, sie trotzdem aufzunehmen, weil sie meinen, sie sie so nicht gehen lassen zu können. Sie sagen Alice auch, dass sie ihr einen Platz in einem Pflegeheim besorgen werden. Alice will das auf keinen Fall, das wissen auch der Hausarzt, die Betreuerin und der Pflegedienst. Dennoch kommt sie nach eiliger Suche in ein Pflegeheim, in dem es einen Platz gibt. Das wird nichts. Alice wirft ihre Tabletten in die Toilette, nimmt immer wieder die Verbände von ihren Wunden ab und schreit jedem, der in ihre Nähe kommt, entgegen, dass sie nach Hause will, und zwar sofort, in Übereinstimmung mit ihren Wünschen.

Schließlich kriegt sie ihren Willen; Alice kommt wieder nach Hause. Die Betreuerin verabredet mit ihr, dass sie die Verbände fortan in Ruhe lässt, damit ihre Beine endlich heilen können. Sobald sie weg ist, nimmt Alice die Verbände ab, um sie durchzuwaschen. Nach ein paar Tagen beginnen sich die Nachbarn zu beschweren: Alice geht mit den offenen Wunden durch den Wohnblock, um die Zeitung zu holen, und den Anblick finden sie abstoßend. Der häusliche Pflegedienst weiß nicht, wie er mit der Situation umgehen soll. Alice leidet auch an Herzinsuffizienz und klagt über Kurzatmigkeit. Sie kommt immer seltener aus dem Bett. Das Team beschließt, Alice mit ihrem Einverständnis eine geringe Dosis Morphin zu geben. Sie erwarten, dass es nicht mehr lange dauern wird, bis sie stirbt.

Dem ist aber nicht so. Das Leben folgt seinem eigenen Plan. Alice erholt sich. Die Kurzatmigkeit lässt nach, und sie kommt wieder zu Kräften. Alice kann noch eine Weile weitermachen. Allerdings ist sie nicht mehr so sicher auf den Beinen; die Gefahr zu stürzen ist noch größer, als sie es ohnehin schon war. „Wenn ich stürze, will ich nicht ins Krankenhaus“, sagt sie. Alle, die mit ihr zu tun haben, stimmen ihr zu.

Sollte sie sich eine Hüfte brechen, was bei Frauen in ihrem Alter und mit dieser Krankheit häufig vorkommt, wird sie zu Hause Morphin gegen die Schmerzen bekommen und, wenn nötig, palliativ sediert werden, bis sie stirbt.

Wieder geht es schief: Als Alice stürzt, wobei sie sich nichts bricht, sondern nur leichte Prellungen davonträgt, ruft die Pflegedienstvertretung die 112 an. Und das trotz Alices Protesten, die diesen Menschen von der Pflegedienstvertretung noch nie zuvor gesehen hat. Im Krankenhaus wird sie verarztet und ins Pflegeheim zurückverlegt. Dort stirbt sie ein paar Wochen später: traurig, verwirrt und allein, zwischen vier Wänden, die ihr nichts sagen.

Wenn jemand nur an einer Form von Demenz leidet, ansonsten relativ gesund ist und ein gut funktionierendes Herz hat, kann es Jahre dauern, bis er stirbt. Bei Alzheimer-Patienten verschlechtert sich der Zustand oft ganz allmählich, bei Menschen mit vaskulärer Demenz schrittweise. Darauf muss man Betroffene von Anfang an vorbereiten, denn für sie ist das ein ungewohntes und häufig erschreckendes Terrain, wie ich von Margot Verkuylen weiß, der Ärztin und Spezialistin für Geriatrie, mit der ich mich gern über Palliativversorgung austausche.

Nach einer Diagnose betrachtet der Hausarzt die Situation der Betroffenen in Absprache mit dem Patienten, den Familienmitgliedern und/oder anderen Nahestehenden, die den Löwenanteil der häuslichen Pflege übernehmen, heute oft in Zusammenarbeit mit einer Fachkraft für Altenpflege: Wo und wie wohnt die betreffende Person, wie sieht ein gewöhnlicher Tag aus, was macht sie gerne? Diese Gespräche orientieren sich am Erhalt der Lebensqualität, so gut es eben geht. Mit anderen Worten: Was wird benötigt, um den Alltag eines Menschen in seiner häuslichen Situation sicher und angenehm zu gestalten? Dass eine permanente Verschlechterung in diesem Prozess eine Gegebenheit und nicht bloß eine Möglichkeit ist, sollte in diesen Gesprächen ebenso ausdrücklich Berücksichtigung finden.

Das ist aber nicht der Fall. Der Schwerpunkt in der Altenpflege liegt in den letzten Jahren auf weitestgehender Selbstständigkeit des Patienten. Selbstständigkeit zu erhalten, solange es geht, ist auch für Menschen mit Demenz gut, aber es wird unwiderruflich an einen Punkt kommen, ab dem selbstständiges Wohnen nicht mehr möglich ist und zu unwürdigen und gefährlichen Situationen führen kann. Bevor dieser Punkt erreicht ist, müssen die Betroffenen im Prozess von der Selbstständigkeit zur Abhängigkeit etwas stärker an die Hand genommen werden.

Es scheint, als hätten die Gesundheitsdienste und ihre Mitarbeiter das verlernt, sagt Margot. „Ich stelle fest, dass der Pflegedienst mit den besten Absichten stark auf Selbstständigkeit ausgerichtet ist, auf die ermunternde Botschaft von ‚wenn es dann wieder besser geht …'. Bei einer Demenz wird es dem Patienten aber nicht mehr besser gehen. Die Prognose ist, dass sich die Krankheit verschlimmert und es daher irgendwann nicht mehr möglich sein wird, ein Leben in Eigenregie zu führen. Den Menschen darin beizustehen und dabei ihre Würde zu bewahren, ist wichtiger, als weiterhin Selbstständigkeit und Unabhängigkeit wider besseres Wissen hochzuhalten, koste es, was es wolle."

Natürlich hängt diese Entwicklung auch mit Defiziten und Einsparungen zusammen. Für einen jüngeren Krebskranken, der Palliativversorgung benötigt, wird vieles arrangiert, denn für ihn und seine Lebenssituation hat jeder Mitgefühl und Verständnis. Für Menschen, die nicht mehr ganz so blühend aussehen und über 80 sind, wenig familiäre Pflege und Betreuung erfahren, geringere geistige Flexibilität haben und kognitiv noch weiter abbauen, ist es um das Mitgefühl der Gesellschaft schon wesentlich schlechter bestellt. Was zur Folge hat, dass es nicht genügend gut ausgebildete Menschen gibt, um diese Arbeit zu tun, während der Bedarf an solcher Arbeit zusehends wächst und immer weniger Geld zur Verfügung steht.

Altenpflegeexperten, die ich bei Vorträgen treffe, sagen mir oft: „Stellt doch einfach ein bisschen weniger Geld für Fachärzte mit all ihren teuren Scans, Geräten und Medikamenten zur Verfügung und ein bisschen mehr für die Unterstützung älterer Menschen. Denn die werden von allen Seiten dazu angehalten, möglichst viel selbst zu tun, mit dem Ergebnis, dass sie in Wirklichkeit zu sehr ihrem Schicksal überlassen werden."

Es gibt viele Menschen mit Demenz, die wenig familiäre häusliche Pflege und Betreuung genießen, und es werden immer mehr. Wenn sie stürzen, sind sie für die Pflegedienstmitarbeiter schwierige Fälle. Margot meint, es sei eigentlich ganz einfach: ins Bett legen, die Hand halten und bei Bedarf Schmerzmittel verabreichen. Liebevolle Zuwendung also, aber das ist nicht möglich, denn die Mitarbeiterin vom Pflegedienst muss noch zehn weitere Menschen besuchen, und wenn jemand stürzt oder eine Blasenentzündung hat, ruft sie aus Hilflosigkeit den Krankenwagen. Dieses Problem wird sich in Zukunft noch verschärfen: Es gibt viel zu wenig Personal in der ambulanten Pflege und zu wenig familiäre häusliche Betreuung. Außerdem kann man eine politische Regelung nicht auf der Annahme aufbauen, dass eine familiäre häusliche Betreuung zur Verfügung steht, wenn sie gebraucht wird.

Menschen wie Margot sind sehr besorgt über Äußerungen wie die der inzwischen ehemaligen Gesundheitsministerin Conny Helder, dass noch mehr Kürzungen bei der häuslichen Pflege vorgenommen und noch mehr Menschen länger zu Hause behalten werden müssen. Wollen wir, dass häusliche Pflege funktioniert, müssen wir gerade mehr Geld für die Altenpflege ausgeben. Geschieht das nicht – und darauf steuern wir zu –, müssen wir uns damit abfinden, dass ältere Menschen mit Demenz, die stürzen, nicht mehr aufgefangen werden können. Wir sind schon fast an diesem Punkt angelangt.

Die Hausärzte tun währenddessen für ihre Patienten mit Demenz, was sie können, indem sie zum Beispiel in Absprache mit allen, die sich in ihrer Praxis mit älteren Menschen auskennen, realistische Zukunftspläne erstellen: Welche Wünsche und Ambitionen hat der Patient? Sind diese noch umsetzbar, und wenn ja, auf welche Weise? Dass auch das Lebensende irgendwann zur Sprache kommen muss, steht immer mit auf dem Plan.

Ein spannendes Thema in diesem Zusammenhang ist, auch Margots Ansicht nach, das Essen und Trinken bei Menschen mit fortgeschrittener Demenz. Gute Pflege, so heißt es, bedeutet, dass man für den kranken Menschen etwas Leckeres bereithält und sie gut essen müssen – das ist die Überzeugung, mit der wir in den Niederlanden aufwachsen. „Du musst gut essen, sonst stirbst du“, ist eine Warnung, die viele Menschen in Hospizen und Pflegeheimen von ihren wohlmeinenden Familienangehörigen zu hören bekommen.

Menschen mit fortgeschrittener Demenz, die sich immer mehr aus dem Leben zurückziehen, müssen vor allem weiterhin tüchtig essen, auch wenn bekanntlich der Appetit im Allgemeinen nachlässt. Die Menschen werden noch immer zum Essen geweckt, sie bekommen das Essen in den Mund gestopft, und wir sind schnell mit Ergänzungsnahrung bei der Hand.

Ria ist 91 und hat als Wochenbettbegleiterin gearbeitet. Sie hat ihren Beruf so sehr geliebt, dass sie ihn ausübte, bis sie weit über 70 war. Sie hörte erst auf, als ihre jüngste Tochter Louise und ihr Mann ein schwer behindertes Kind bekamen und Ria mehr Zeit haben wollte, um ihnen zu helfen, wo immer sie konnte.

Jetzt hat sie Alzheimer in weit fortgeschrittenem Stadium. Sie kann nichts mehr selbst tun und erkennt niemanden mehr. Nachts gerät sie oft in Panik. Zweimal in der Woche kommt Louise, die in der Nähe des Pflegeheims wohnt, zu Besuch, um sich eine halbe Stunde neben sie zu setzen und ihre Hand zu halten.

Als Louise eines Nachmittags den Gemeinschaftsraum betritt, sitzt Ria wie meistens schlafend in ihrem Rollstuhl. Sie hängt in einer unbequemen Position vornüber. Louise legt ihr sanft die Hand auf die Schulter und sagt: „Hallo, liebe Mama, ich bin da." Ria will nicht aufwachen und versucht, Louise wegzuschieben: Lass mich. Louise setzt die Lehne des Rollstuhls ein Stück zurück, sodass Ria ein bisschen bequemer im Stuhl sitzt, während sie schläft, gibt ihr einen Kuss und geht dann leise. Aber sie hat das Zimmer noch nicht verlassen, als sie hört, wie ein Pfleger hinter ihr in lautem Ton zu Ria sagt: „Kommen Sie, aufwachen, es ist Essenszeit." Er richtet Ria auf, fährt sie zu einem Tisch und setzt ihr eine kräftige Portion Eintopf vor. Ria starrt mit leerem Blick auf den Teller. Sie will nicht essen, und sie braucht es auch nicht mehr, aber trotzdem muss es sein.

Das erinnert mich an eine Geschichte, die mir neulich jemand über eine steinalte Hündin erzählt hat. Hündin Polly war am Ende ihrer Kräfte und wollte schon seit einiger Zeit kaum noch fressen. Genau wie bei den Menschen begannen ihre Betreuer, ihr immer leckerere Dinge vorzusetzen: Kein Seniorenfutter mehr, sondern fein gehackte Stücke holländischer Rindswurst, eine geräucherte Makrele – Leckerbissen, die sie noch vor ein paar Monaten übermütig mit dem Schwanz wedeln ließen. Aber sie wollte das alles nicht. Hin und wieder einen Schluck Wasser war alles, was sie zu sich nahm, und das auch immer seltener. Sie hatte genug. Polly zog sich in sich selbst zurück, und ein oder zwei Wochen später starb sie still und leise in ihrem Körbchen, aus dem sie tagelang nicht herausgekommen war.

Bei uns Menschen verläuft dieser Prozess ähnlich, so seltsam das auch klingen mag. Wir sind sehr daran gewöhnt, unsere Liebe und Fürsorge durch leckere und nahrhafte Häppchen auszudrücken, doch ich glaube nicht, dass diese Art der Fürsorge und Liebe im Fall einer fortgeschrittenen Demenz oder einer anderen unheilbaren Krankheit, die sich dem Endstadium nähert, angemessen ist.

Ich kann dies nicht getrennt von unserem Unvermögen betrachten, rechtzeitig über das Sterben zu sprechen. Margot sieht das genauso. Wir werden immer besser darin, Gespräche darüber zu führen, ob wir Sterbehilfe leisten sollen oder nicht, ob wir reanimieren sollen oder nicht, ob wir jemanden auf die Intensivstation verlegen sollen oder nicht. Aber über so etwas Normales wie Essen und Trinken reden wir nicht, obwohl gerade das so viel bewirken könnte.

Abgesehen davon, dass das Bedürfnis nach Nahrung schwindet, nimmt bei fortgeschrittener Demenz auch die Fähigkeit zu essen und zu trinken aufgrund von Schluckstörungen ab. Heute wird in der Regel gleich der Logopäde hinzugezogen, um zu sehen, wie jemand dennoch genügend Nährstoffe aufnehmen kann. Man könnte allerdings auch überlegen, ob das nicht ein Moment ist, um innezuhalten und sich zu fragen: Sollen wir den Logopäden wirklich noch rufen? Die Person ist ängstlich, schläft kaum, kann sich keinen Schritt mehr bewegen, spricht schon lange nicht mehr und wimmert oft, während wir nicht wissen, wie wir die Beschwerden lindern können. Sollten wir jemanden einfach in Ruhe lassen? Wir denken vielleicht, dass das grausam ist, dass man die Menschen im Stich lässt, wenn man ihnen den pürierten Brokkoli vorenthält, aber das ist nicht so. Ganz im Gegenteil, wage ich zu behaupten.

Lucia ist eine Frau mit fortgeschrittener Demenz, die kaum noch schlucken kann, was das Essen beschwerlich macht. Eine ihrer Töchter möchte, dass die Logopädin vorbeikommt und eine Lösung findet, damit Lucia zumindest etwas an gesunden Nährstoffen zu sich nehmen kann. Das, findet sie, gehöre zu einem würdigen Leben, auch wenn dieses Leben fast vorbei ist. Die andere Tochter möchte hingegen, dass man Lucia in Ruhe lässt. Keine weiteren Eingriffe, das ist ihrer Ansicht nach Würde. Nach Gesprächen mit dem geriatrischen Facharzt und Lucias früherem Hausarzt, der sie seit 30 Jahren kennt, finden die Töchter einen Kompromiss: Die Logopädin darf sie besuchen, aber sie vereinbaren auch, dass Lucia nicht mehr mit Antibiotika behandelt wird, wenn sie eine Lungenentzündung bekommt – was bei Schluckstörungen häufig vorkommt. Es gibt also Raum für den Tod, aber auch etwas, das Lucia für eine Weile am Leben erhält: Gemüsesuppe.

Das Problem uneiniger Familien spielt in der Palliativversorgung eine große Rolle. Oft sind die Angehörigen darauf bedacht, doch noch etwas zu tun, kleine Verbesserungen zu erreichen, aber bei der Suche nach dem, was getan werden kann (und was man lassen sollte), schaut jeder durch seine eigene Brille, geht jeder von seinen eigenen Werten, Gefühlen, Ängsten und Wünschen aus. Das beobachte ich auch oft bei meinen Patienten, und ich habe es selbst miterlebt, als mein Vater kurz vor seinem Ende stand. Er hatte Parkinson und war dement. In dem Pflegeheim, in dem er lebte, wurde ihm ungeachtet seiner Schluckstörung dabei geholfen, regelmäßig und unter Einhaltung der Hausordnung zu essen. Zog er sich eine Infektion zu, wurde sie behandelt. Ein Teil der Familie wollte dies gern, sie wollten ihn so lange wie möglich am Leben erhalten. Dieser Wunsch ist sicherlich nachvollziehbar, aber es war nicht im Interesse meines Vaters. Zum Ende hin war es ein einziges Leiden für ihn. Die Lösung kam von einem jungen Facharzt für Geriatrie, der gerade angefangen hatte, in dem Pflegeheim zu arbeiten. Als mein Vater an einer Harnwegsinfektion erkrankte, sagte dieser Mann: „Ich kann ihm Tabletten geben, dann wird die Infektion in ein paar Tagen verschwunden sein, oder wir geben ihm nichts und setzen dem Leiden ein Ende." So geschah es zu guter Letzt. Nach einem palliativen Prozess von drei Wochen, die schön und ruhig verliefen, starb mein Vater.

Noch unerfahrene und überambitionierte Ärzte fühlen sich oft machtlos, wenn sie etwas nicht heilen können. Doch dieser junge Arzt wagte es, in einer Welt, in der wir nach abgehakten Listen und Protokollen beurteilt werden, eine freie Entscheidung zu treffen. Er hatte auch keine Angst, ehrlich über das Leiden meines Vaters zu sprechen. Die Zeiten, in denen man „den Tagen mehr Leben geben" konnte, waren längst vorbei. Oder wie es Margot ausdrückt: Die Ärzte und Pflegekräfte müssen lernen, auf ihren Händen zu sitzen. Fast jeder Bewohner eines Pflegeheims erhält Palliativversorgung, abgesehen von einigen wenigen, die zur Rehabilitation kommen. Ob es sich um Parkinson, Demenz, Herzinsuffizienz oder etwas anderes handelt: Sie alle gehen den Weg zum Tod, in ihrem eigenen Tempo und mit ihren eigenen Wünschen. Warum sollte man das ignorieren? Warum den Tod permanent so medizinisch angehen, wenn er doch vor allem etwas Menschliches ist?

Stabil schlecht

Nick hat metastasierenden Speiseröhrenkrebs. Dank lebensverlängernder systemischer Therapie und Strahlentherapie konnte er bis anderthalb Jahre nach der Diagnose einigermaßen gut leben. Einige Monate, bevor seine Krankheit festgestellt wurde, hatte er den Mann geheiratet, auf den er, ohne es zu wissen, sein ganzes Leben lang gewartet hatte, sagt Nick. Er war fest entschlossen, seine Ehe bis zur Neige auszukosten. Das bestärkte ihn in dem Wunsch, nicht aufzugeben.

Nun ist seine Zeit bald gekommen. Er spürt es, sein Mann spürt es, und seine Freunde spüren es auch. Nick hat immer weniger Lust, aus dem Haus zu gehen. Er hat auch keine Kraft mehr dazu. Die Schmerzen werden schlimmer. Er will noch ein paar Menschen sehen, aber nur einen ausgewählten Kreis von Leuten und immer bei sich zu Hause, sodass er liegen bleiben kann. Als eine gute Freundin, die beruflich für ein paar Wochen ans andere Ende der Welt muss, jemanden aus dem Freundeskreis per Messenger fragt, wie es Nick geht, bekommt sie als Antwort: „Stabil schlecht, also eigentlich ganz okay."

Für Ärzte und Pflegekräfte ist und bleibt es kompliziert, richtig einzuschätzen, wie viel Zeit jemand noch hat und wann er sterben wird. Aus vielen Gründen ist es jedoch wichtig, etwas Sinnvolles dazu sagen zu können. Die Patienten wollen es oft wissen. Als Arzt möchte man überblicken können, ob eine Behandlung noch sinnvoll ist: Ist eine weitere Chemotherapie für Herrn de Bruin von Nutzen oder ist man am Ende angelangt?

Über die erste Chemotherapie wird selten diskutiert. Normalerweise gibt man sie, auch bei schnell wuchernden Metastasen. Es sei denn, die Patienten selbst wollen das nicht, aber das kommt nicht oft vor. Normalerweise hält man den Krebs mit der ersten Chemo eine Zeit lang unter Kontrolle.

Steht eine zweite Runde Chemo an, weil die Krankheit wieder aufflammt, finde ich das schon nicht mehr so einfach. Mit dem

Fortschreiten der Krankheit verschlechtert sich der Zustand der Patienten, auch wenn es ihnen relativ gut geht. Sie verlieren an Gewicht, die Widerstandskräfte nehmen ab, sie haben wenig Energie. Für diesen Zeitraum halte ich den Begriff „stabil schlecht" für angemessen und eindrücklich: Dass es den Patienten schlecht geht, ist eine Tatsache. Stabil bedeutet, dass die Situation unter Kontrolle ist: Die Schmerzen werden gelindert, die Übelkeit ist beherrschbar, und sie schlafen einigermaßen. Das sind Dinge, von denen Patienten und Angehörige profitieren, denn es wird, so widersprüchlich das auch klingen mag, Raum geschaffen, in dem noch von Lebensqualität gesprochen werden kann. Es geht ihnen schon schlecht, besser wird es nicht, aber solange die Situation stabil schlecht ist, geht es ihnen auch nicht schlechter.

Wenn es jemandem instabil schlecht geht, hat man als Arzt die Chance für eine gute palliative Versorgung verpasst oder hat einen falschen Weg eingeschlagen. Bei einem Patienten mit metastasiertem Krebs oder einer anderen unheilbaren Krankheit, die zum Tod führt, kann man einen stabil schlechten Zustand erreichen, vorausgesetzt, man verfügt über eine palliative Versorgung und ist sich mit dem Patienten und seinen Angehörigen darüber im Klaren, dass ein stabil guter Zustand wirklich außer Reichweite liegt.

4. Wir sind nun doch da

Carlo Leget, Professor für Pflegeethik, über Sinngebung: der existenzielle Bereich der Palliativpflege

Neulich habe ich mit Kees Veldboer jr. gesprochen, dem Direktor von *Ambulance Wens* (*Wunschambulanz*), einer Stiftung, die mir sehr am Herzen liegt, weil sie in besonderer Weise zur informellen Sterbebegleitung beiträgt – und die ist in einem palliativen Prozess überaus wichtig. Die Wunschambulanz erfüllt jährlich zwischen 2000 und 2500 Wünsche von Patienten in der terminalen Phase, die auf einen Liegendtransport angewiesen sind. Die jüngste Person, der ein Wunsch erfüllt wurde, war ein sechs Monate altes Baby, die älteste war eine 108-Jährige. Sie wollte noch einmal an den Strand.

Die Wünsche sind sehr unterschiedlich, aber die allermeisten Menschen äußern einen kleinen Wunsch, so Kees. Das Meer sehen. In den Zoo gehen, in den Märchenpark oder zum Fußballverein. Sehr oft wünscht sich jemand einfach nur, noch einmal nach Hause zu kommen. Sich von einem Haustier zu verabschieden. Von der Bahre des Krankenwagens aufzustehen und zwischen vertrauten Dingen und von Freunden und Familienmitgliedern umringt auf dem Sofa zu sitzen.

Kees glaubt, dass die Erfüllung von Wünschen manchmal ein Hilfsmittel sein kann, um den Tod zu akzeptieren. Menschen leben davon wieder auf – und können danach loslassen. Bisher ist es sieben Mal passiert, dass jemand gestorben ist, während ihm ein Wunsch erfüllt wurde. Eine Frau beispielsweise, die noch einmal mit einer Gruppe von Freunden nach Texel fahren wollte. Sie starb auf der Terrasse in der Sonne, während ihre Freundinnen bei Bier und Knabbereien saßen.

Es berührt mich, dass es bei den Wünschen, die Menschen am Ende äußern, so oft um einfache Dinge geht. Überraschen tut es mich nicht. Ich weiß auch von meinen unheilbar kranken Patienten, dass sie, wenn überhaupt, nur selten eine extravagante *Bucket*

List mit sich herumtragen. Was sie sich wirklich wünschen, ist, noch einmal oder so lange wie möglich mit ihren Lieben an einem vertrauten Ort zusammen zu sein. Daran lässt sich auch sehr gut ablesen, wie verschiedene Bereiche der Palliativversorgung ineinandergreifen: der soziale Bereich und der Bereich, in dem es um Sinngebung geht.

Nichtsdestotrotz ist dieser Bereich der Sinngebung mit das Erste, was ins Wanken gerät, wenn ein Patient erfährt, dass er oder sie nicht mehr gesund werden wird. Welchen Sinn hat es, dass ich noch hier bin? Was haben andere Menschen noch von mir? Warum sollte ich mich einer Behandlung unterziehen, um die Zeit, die mir noch bleibt, um ein paar Monate zu verlängern? Gleichzeitig ist der Mensch mit einem ausgeprägten Überlebensinstinkt ausgestattet, der fast jeden dazu bringt, mutig und entschlossen weiterzumachen. Zwischen diesen widerstreitenden Haltungen eine Balance zu finden (Wie räumt man dem Leben Vorrang vor der Krankheit ein, während diese die Tage und Nächte bestimmt?), ist, gelinde gesagt, keine leichte Aufgabe.

Für mich bedeutet Sinngebung, einen Sinn darin zu finden, das Leben zu leben. Das wird schwierig, wenn jemand sehr unter den Symptomen, Behandlungen und Nebenwirkungen leidet. Dann droht sich der Sinn zu verflüchtigen, denn an allem, was mit diesem Elend verbunden ist, ist nichts Schönes mehr: immer wieder ins Krankenhaus fahren, wieder eine Stunde im Wartezimmer sitzen, noch eine Spritze in den Arm bekommen, gegen die Nebenwirkungen ankämpfen, sich dem nächsten Scan unterziehen, auf das Ergebnis warten und dergleichen mehr.

Im Fall einer fortgeschrittenen unheilbaren Krankheit zielt die Sinnfrage darauf ab, wie man den Sinn im Leben erhält, obwohl man weiß, dass man bald sterben wird. Alle Behandlungen sind darauf ausgerichtet, den Sinn zu erhalten, aber sie greifen nicht immer ineinander. Denn das steht im Gegensatz zur heute gängigen medizinischen Versorgung, die sich hauptsächlich auf den ersten Bereich der Palliativmedizin konzentriert: den körperlichen.

Die Menschen erwarten das auch, das merke ich jeden Tag. Sie erwarten, dass ich in der Sprechstunde nach Schmerzen oder Beschwerden frage und etwas zu ihrem Krankheitsbild sagen kann. Das ist zweifellos wichtig, aber der Zweck von allem, was man in dieser Phase tut, ist letztlich Sinngebung. Nur nennt man es nicht so. Und warum nicht? Weil wir dann über den herannahenden Tod sprechen müssten, während wir uns doch gerade nach Kräften bemühen, uns dieses Thema vom Leib zu halten. Jannie Oskam sagt es immer deutlich: Ärzte betrachten nur einen sehr begrenzten Aspekt des Krankseins.

Kürzlich sagte eine onkologische Pflegekraft nach einem Vortrag, den ich gehalten hatte: „Das Ziel aller lebensverlängernden Behandlungen besteht darin, Menschen physisch und zeitlich mehr Raum zu geben, um ihr Leben mit kleinen Sinninseln zu bereichern."

Was ist aber zu tun, wenn das nicht gelingt, wenn die Behandlungen einen Menschen so sehr erschöpfen, schwächen und peinigen, dass es scheinbar keinen Platz mehr für diese Inseln der Sinngebung gibt? Wie kann man den Tagen, die man hinzugewinnt, mehr Leben geben, wenn dieses Leben darin besteht, krank zu sein?

Das ist eine vertrackte Frage, auf die es keine eindeutige Antwort gibt, aber eines ist sicher: Wir brauchen den somatischen, psychologischen und sozialen Bereich, um dem Leben den Sinn zu erhalten, aber der existenzielle Bereich, die Sinngebung, ist das Zentrum, um das sich alles dreht.

Über solche Fragen spreche ich gerne mit Carlo Leget, Professor für Pflegeethik an der Universität für Humanistik in Utrecht. Auf die Frage, wie Menschen mit ihrer Situation zurechtkommen, nennt er immer zuerst die Kernbegriffe seines Fachgebiets: Sinngebung und Verbundenheit. So auch in dem Online-Gespräch, das wir für dieses Buch geführt haben.

„Fast jeder, der unheilbar krank wird, fragt sich nach der Diagnose: Warum ich? Was nun? Das sind Fragen nach dem Sinn. Es geht darum, wie man sich selbst, die Welt, das Leben und das, was man darin zu tun gedenkt, betrachtet. Fragt man dann danach, was für die Menschen von Bedeutung ist, nennen sie immer das, was ihnen ein Gefühl von Verbundenheit gibt. Kinder, wenn sie welche haben, Freunde, Familie, geliebte Menschen, es kann aber auch der Fußballverein sein oder Mozart.

Wenn wir schwer krank sind und vielleicht sogar an dieser Krankheit sterben werden, werden wichtige Verbindungen oft problematisch. Spirituell gesehen steht eine große Aufgabe an, denn für die meisten Menschen bricht vieles, auf dem sie ihr Leben aufgebaut haben, weg. Sie dachten, sie würden die Welt in etwa begreifen und wüssten, was sie darin tun. Plötzlich bricht alles zusammen. Das ist bedrohlich, und wenn wir Menschen uns bedroht fühlen, suchen wir nach Halt. Was in einer solch verwirrenden Situation auch nicht einfach ist, denn wie lernt man zu allem, was einem so viel bedeutet und was man letztlich wird loslassen müssen, noch einmal eine ganz neue Haltung zu finden? Oder muss man es vielleicht gar nicht loslassen, und die Kunst besteht gerade darin, es auf eine andere Weise festzuhalten? Und wie macht man das dann, es auf eine andere Weise festhalten? Diese Suche nach einer neuen Balance ist ein Prozess, der bei den meisten Menschen ganz okay abläuft, manchmal aber auch dazu führt, dass sie irgendwo darin stecken bleiben."

Was meinst du mit okay? Was tun wir, wenn es okay abläuft?

„Mit ‚okay' meine ich, dass jemand zwar damit zu kämpfen hat, aber dennoch wieder Sinn und Verbundenheit zu gewinnen vermag, wenn auch auf andere Weise als vor der Diagnose. Es ist nicht so, dass jeder unheilbar Kranke wie der Dalai Lama stirbt und alles völlige Harmonie ist, aber trotzdem schaffen es die meisten, eine neue Balance zu finden.

Bei fast allen gelingt dies mithilfe von Menschen in ihrem Umfeld: Freunde, Geliebte, Familienmitglieder und so weiter. Dazu braucht man keine Sozialarbeiter. Hier verschwimmen sozialer und spiritueller Bereich – die Sinngebung – miteinander, und genau darum sollte es gehen, wenn man den vierdimensionalen Charakter der Palliativversorgung betrachtet. Schaut man sich an, wie Menschen angesichts schwerer Krankheit und des Sterbens miteinander umgehen, kann man erkennen, dass sie viele spirituelle Fragen selbst in ihrem sozialen Umfeld klären. Die meisten Menschen würden das vielleicht nicht so nennen, weil beispielsweise Spiritualität ein sehr schwammiger Begriff ist, dennoch steht alles mit Verbundenheit und Sinn, dem Kern von Spiritualität, in Zusammenhang.

Damit will ich nicht sagen, dass sich Ärzte, Pflegekräfte und andere Beteiligte in der Begleitung unheilbar kranker Menschen auf den physischen Bereich beschränken können. In den Leitlinien zur Palliativversorgung heißt es, es sei wichtig, dass sie auch diesen vierten Bereich berücksichtigen. Würden wir das tun, könnten wir viel Elend verhindern. Nicht umsonst haben wir in unserem Beruf das bekannte ABC-Modell: A für Aufmerksamkeit, B für Begleitung und C für Crisis.

Mit dem A von Aufmerksamkeit kommen wir in der Regel schon ziemlich weit: Mit meinem Onkologen, Neurologen oder Lungenarzt kann ich nicht nur über Übelkeit und Atemnot sprechen, sondern manchmal auch über die Dinge im Leben, die meine Augen zum Leuchten bringen. Den allermeisten Patienten genügt ein solches Gespräch, in dem sie sich von der Person, die sie auch medizinisch in ihrer Krankheit begleitet, wahrgenommen fühlen.

Andere möchten gerne tiefer zum Wesentlichen vordringen: Hier ist das B von Begleitung gefragt. Das kann von einem nächtlichen Gespräch mit einem Seelsorger bei der Aufnahme ins Krankenhaus bis hin zu ein paar Gesprächen mit einem Psychologen reichen. Und dann gibt es noch eine kleine Gruppe von Menschen, die gegen Ende in eine existenzielle Krise gerät."

Es fällt mir immer schwer zu verstehen, was dann genau passiert.

„Jemand verrennt sich oder seine Gedanken drehen sich im Kreis, weil er beispielsweise mit den Entscheidungen, die er getroffen hat, mit verpassten Gelegenheiten und gescheiterten oder festgefahrenen Beziehungen hadert. Die Erkenntnis, dass die Zeit, die Dinge wieder in Ordnung zu bringen, fast vorbei ist, kann einen Menschen daran hindern, loszulassen und hinüberzugehen. Schuldgefühle, extreme Angst, die Überzeugung, versagt zu haben. Bei Christen, die einer strengen Glaubensform anhängen, kann man ziemlich oft beobachten, dass sie aus Furcht vor Strafe oder dem Jüngsten Gericht extreme Angst vor dem Sterben haben. Es ist schwer, sie davon zu befreien. Menschen, die in der Vergangenheit psychiatrisch behandelt wurden oder drogenabhängig waren, laufen ebenfalls große Gefahr, sich in der Konfrontation mit ihrem Tod festzufahren. Sie sind psychisch weniger widerstandsfähig.

Menschen, die sich wegen ihres nahenden Endes in einer existenziellen Krise befinden, ziehen sich oft zurück und sind niedergeschlagen. Gelähmt vor Kummer und Angst tragen sie buchstäblich schwer an sich selbst. Es ist schwierig, sie zu erreichen. In solchen Fällen kann es hilfreich sein, wenn jemand, der dafür ausgebildet ist und dem sie vertrauen, intensiver eingreift."

Ich muss das Gespräch mit Carlo unterbrechen, weil ich einen Anruf erhalte. Es ist ein Patient, den ich heute früh selbst zu erreichen versucht hatte, weil er wegen einer Autopanne nicht zur Sprechstunde kommen konnte. Es handelt sich um Peter, einen Mann Mitte 60 mit metastasiertem Lungenkrebs, zu dessen Behandlung er eine Immuntherapie bekommt. Das ist eineinhalb Jahre her, seitdem ist der Krebs unter Kontrolle. Seine Stimme klingt heiser, was auf einen kleinen Stimmbandtumor zurückzuführen ist, der weggelasert wurde. Peter fühlt sich gut. „Das hören Sie jedes Mal von mir, aber das ist nun mal so", sagt er aufgeräumt. Im Hintergrund fragt seine Frau, ob er wisse, wo die Schere liege. „Entschuldigung, Doktor, einen Moment", sagt er.

„Die große oder die kleine?", höre ich ihn fragen.

„Die scharfe", ruft sie zurück.

Peter weiß es nicht. „Ich weiß eigentlich nie, wo die Schere ist", sagt er zu mir.

„Ich auch nicht, Peter. Sie ist auch nie an ihrem Platz. Ich habe mal gelesen, dass das daher kommt, weil die Leute die Schere nie dort benutzen, wo sie sie aufbewahren."

Er muss lachen. „Klingt so logisch wie ein Spruch von Cruyff, Doktor, ich werde das nachher hier im Haus mal weitergeben."

Dann erkundige ich mich nach den Hautschuppen in seinem Gesicht (eine Nebenwirkung der Chemo), die ihn sehr beeinträchtigt haben. Das hat sich erledigt. Die vom Dermatologen verschriebene Creme wirkt hervorragend. Es wurde auch eine Punktion der Schuppen vorgenommen – warum auch immer, denn sie sind offensichtlich eine Nebenwirkung der Chemo und die Creme wirkt schon innerhalb von drei Tagen, aber nun gut. Bald wird er das Ergebnis der Punktion bekommen. Das ist wieder spannend, sagt er. „Vor allem Joke findet es doch beängstigend." Ich schüttele den Kopf über Peters Krankenakte auf meinem Bildschirm. „Sag Joke, dass es überhaupt nicht aufregend oder beängstigend ist. Es ist einfach nur Routine. Du brauchst dir wegen der Punktion absolut keine Sorgen zu machen, vor allem jetzt nicht, wo die Hautschuppen durch die Creme verschwinden."

Ich bringe das Gespräch zum Ende: „Wir werden mit der Immuntherapie fortfahren, Peter. Die Laborwerte sind gut, deine Nierenwerte sind gut – es wird im Moment nur besser. Ich bin wirklich rundum zufrieden. Ich rufe in zwei Wochen wieder an und wir machen Anfang August einen Scan.“

Dann rufe ich gerade auch noch Jakob an, einen anderen Patienten. Er stand schon gestern auf meiner Anrufliste, aber dann hatte ich einen Notfall – eine COPD-Patientin mit einem schweren Lungenanfall. Nach einem Tag Leiden auf der Intensivstation ist sie gestorben. Sehr traurig. Ich kannte sie und ihre Familie seit Jahren.

Jakob kann ich eine gute Nachricht überbringen. Er hat zwar Lungenkrebs, aber keine Metastasen im Gehirn, wie ich es bei seinen Symptomen eigentlich fast schon erwartet hatte. „Oh, das ist schön, Herr Doktor, vielen Dank.“ Das Schwindelgefühl, die Kopfschmerzen und die Übelkeit sind vielleicht auch auf Stress zurückzuführen. Ich frage ihn, ob er sich gestresst fühlt. „Ich mache mir viele Sorgen, ja, und ich liege auch die ganze Zeit wach. Ich schlafe gut ein, aber um drei Uhr geht bei mir zwischen den Ohren ein Warnlicht an. An Weiterschlafen ist dann nicht mehr zu denken.“ Ich frage ihn, ob er vielleicht einmal mit einem Palliativpsychologen sprechen möchte. Er schweigt einen Moment lang und sagt dann, dass das jetzt nicht nötig sei: „Erst mal sehen, wie es mit den Symptomen so läuft, jetzt, wo ich weiß, dass mit meinem Kopf alles in Ordnung ist.“

Jemand von unserem Palliativteam steckt kurz den Kopf durch die Tür und fragt, ob ich jetzt Zeit hätte, mich mit ihnen über unseren Plan zu einem Pilotprojekt auszutauschen. Es geht dabei um den Einsatz von handelsüblichen Handventilatoren bei schwerkranken Lungenpatienten, die kurzatmig sind, aber in einem zu schlechten Zustand, um noch an ein Beatmungsgerät angeschlossen zu werden. Hält man einen solchen kleinen Ventilator dicht an den Mund, werden die Nerven im Rachen und die Muskeln um die Lippen stimuliert. Dadurch bekommen die Menschen etwas mehr Luft. Vielleicht müssen wir ihnen dann weniger Morphin geben. Kleiner Aufwand, großer Spaß, deshalb werden wir dieses Pilotprojekt auf jeden Fall starten. Ich kann es nicht oft genug betonen: Informelle Pflege rund um das Sterben ist außerordentlich begrüßenswert.

Ich sage, dass ich am Ende des Tages vorbeikommen werde, bevor ich nach Hause fahre. Dann hat sie jedoch noch einen Hausbesuch zu machen, sagt sie, und fragt: „Hast du nicht jetzt fünf Minuten Zeit?“

Erst eine Stunde später komme ich wieder dazu, das Gespräch mit Carlo weiterzuführen. Ich erzähle ihm von Peter und Jakob und spreche mit ihm darüber, dass die Zahl der Menschen, die relativ lange Zeit in einer palliativen Phase bleiben, zunimmt, wie er sehr wohl weiß, auch aufgrund der erfolgreichen medizinischen Entwicklungen in der Krebsforschung.

Wir leben länger, wir sterben länger – das stelle ich in meiner Praxis tagtäglich fest. Ist die Verflechtung von sozialem und sinnstiftendem Bereich auch für Menschen, die lange in einer palliativen Phase leben, das, was ihrem Leben noch am meisten Sinn verleiht?

„Oft ja. Kennst du die Umgangsformen mit dem Sterben? Die größte Gruppe präferiert eine soziale Umgangsform: Sie ziehen es vor, nicht über den Tod zu sprechen, sondern einfach nur einen Kaffee am Küchentisch zu trinken und es sich mit Freunden gemütlich zu machen. Das finde ich toll. Es zeigt, wo und wie Menschen Trost finden und was ihnen das Gefühl gibt, nicht alleingelassen zu werden, sondern einbezogen und sicher zu sein.

Dass diese Menschen lieber nicht explizit über den Tod und das Sterben sprechen, finde ich auch gar nicht so ungewöhnlich. Was ist schon attraktiv am Tod? Er steht im Widerspruch zu der Lebenskraft, die wir alle mehr oder weniger haben und die unglaublich wichtig ist, um durch das Leben zu kommen und es bewältigen zu können. Diese Kraft ist eine unverzichtbare Quelle, mit der man verbunden sein und bleiben muss, auch wenn man erfahren hat, dass man sich nicht mehr erholen und sterben wird.

Im Übrigen kann man auf Umwegen doch mit diesen Menschen über den Tod sprechen. Zum Beispiel, indem man Fragen stellt wie: Wie möchtest du in Erinnerung bleiben? Was wünschst du dir für deine Kinder? Wie willst du deinen Ehepartner zurücklassen? So bleiben sie auch mit der Lebenskraft der Menschen verbunden, die sie lieben und zurücklassen, und dadurch entsteht Sinn. Das macht den Abschied ein wenig leichter.

Ich muss dabei an meine Schwester denken. Sie ist vor sechs Jahren im Alter von 50 Jahren gestorben. Zwischen ihren Kindern und meiner Mutter und zwischen meinem Neffen und mir sind nach ihrem Tod neue Verbindungen entstanden, die ihren Ursprung in ihrem Krankheits- und Sterbeprozess haben. Das ist die Ambivalenz der Bereiche in unserem Beruf: Wenn jemand stirbt, entsteht eine Lücke, aus der schöne Dinge erwachsen können. Der Raum, den jemand offenlässt, ist eine Chance für andere Verbindungen. Man hat sich zwar nicht für diese Verbindungen entschieden, aber sie sind trotzdem wertvoll.

Natürlich ist das Umgekehrte leider auch häufig der Fall: Manche Menschen verlieren Kontakte oder brechen sie ab, zum Beispiel aufgrund eines Erbstreits oder eines aufreibenden Sterbeprozesses."

Gijs ist ein Mann in den 50ern. Geboren und aufgewachsen ist er in Den Haag. Der schönsten Stadt der Niederlande, wie er oft sagt. „Jaja", sagt dann sein Freund Erik, „das wissen wir schon." Er selbst kommt aus Deventer, auch eine schöne Stadt, aber das muss man ja nicht jedem immer wieder auf die Nase binden. Gijs und er lernten sich im Flugzeug nach New York kennen. Liebe auf den ersten Blick. Sie wichen einander nicht mehr von der Seite und sahen in der ersten Woche, die sie dort verbrachten, nicht den kleinsten Zipfel von New York.

Gijs und Erik haben einen großen und engen Freundeskreis in Den Haag. Alle wohnen im Stadtzentrum oder in der Nähe davon; sie besuchen sich ständig gegenseitig. Sie haben ein Stammcafé, in dem jeder ihren Namen kennt (Prost!), und ein Freud-und-Leid-Sparschwein, in das alle einen kleinen monatlichen Betrag stecken, für Geburtstagsgeschenke oder feine Pralinen, wenn es einem von ihnen mal nicht so gut geht.

Gijs, der sich mit 12 Jahren seine erste Zigarette anzündete, erfuhr mit 42, dass er COPD hat. Etwa 10 Jahre später wurde bei einer Routineuntersuchung ein Tumor in seinem linken Lungenflügel entdeckt. Die Metastasen hatten sich schon weit ausgebreitet. Daher kamen die Müdigkeit und der Gewichtverlust, um den ihn alle seine Freunde zunächst beneidet hatten. Die lebensverlängernde Therapie hält er nicht lange durch. Sein Herz macht nicht mehr mit. Bald kann er nur noch wenig selbst erledigen. Zum Glück stehen die Hilfstruppen schon in den Startlöchern. Während es normalerweise an Helfern aus dem Freundes- und Familienkreis mangelt, hat Gijs eigentlich zu viele davon. Seine nahen Verwandten und sein Freundeskreis wollen ihm alles aus der Hand nehmen. Wie quengelige Kinder streiten sie auf WhatsApp darüber, wer wann was für ihn tun darf. Das treibt Gijs in den Wahnsinn. Als er irgendwann explodiert, sind alle sichtlich erschrocken. Erik gelingt es schließlich mit seinem diplomatischen Geschick, die Hilfe, die er selbst braucht, um Gijs zu Hause zu versorgen – und drei Tage in der Woche zur Arbeit gehen zu können – in kultivierte Bahnen zu lenken, aber so richtig herzlich wird das Verhältnis zwischen der Familie und den Freunden nicht mehr.

Ein halbes Jahr später liegt Gijs im Sterben. Vor seiner Beerdigung will er einen Abend aufgebahrt in seiner Stammkneipe liegen, und er möchte, dass seine Familie und seine Freunde an diesem Abend gemeinsam um ihn herum sitzen. Als sich zwei seiner besten Freunde an seinem Sterbebett darüber beschweren, wirft er ihnen einen vernichtenden Blick zu. „Jetzt stellt euch nicht so an. Ihr seid doch so sozial! Ständig redet ihr groß von Freundschaft und Engagement. Dann organisiert doch einfach, dass meine Eltern und meine Schwestern auch in die Kneipe kommen und dort einen schönen Abend haben. Meine Mutter und meine Schwestern trinken gerne diesen rauchigen Chardonnay und mein Vater liebt Fado. Legt los."

Es klappt. Alle sind da. Der Abend beginnt etwas unterkühlt, aber nach dem ersten Glas rauchigem Chardonnay kommen schon die unvergesslichen Geschichten über Gijs aufs Tapet, eine witziger als die andere. Eine Tradition wird geboren. Ein Jahr später sitzen sie wieder da. Ohne und doch mit Gijs.

Hier und jetzt

Ich erzähle Carlo, dass ich oft den Krankenhausparkplatz als Metapher für Menschen verwende, die im Niemandsland zwischen Diagnose und Sterben leben. Jedes Mal, wenn sie zu einem Termin kommen, drehen sie dort ihre Runden auf der Suche nach einem Parkplatz und machen sich währenddessen Gedanken darüber, was wohl auf sie zukommt. Nicht nur ihr Körper, sondern alles in ihrem Leben ächzt und knarrt unter der Last der Krankheit. Ich will nicht sagen, dass ein solches Leben unbegreiflich oder nicht auszuhalten ist, aber ich frage mich, ob es Sinn hat, dass wir als Gesellschaft das so aushalten.

Es scheint mir so schwer zu sein, wieder ein Gefühl von Sinnhaftigkeit zu erleben oder aufrechtzuerhalten, wenn man von Arztbesuch zu Arztbesuch lebt. Wie siehst du das?

Carlo nickt ein paar Mal nachdenklich mit dem Kopf und sagt dann: „Aus Studien mit Krebspatienten, die realistischerweise mit einem vorzeitigen Abschied rechnen müssen, wissen wir, dass sie natürlich Todesangst haben, aber dass ein solches Szenario für sie auch ein Anlass ist, eine existenzielle Entscheidung zu treffen. Sie schauen sich ihr Leben gut an und wissen: Wenn ich noch etwas ändern will, sollte ich besser nicht damit warten und es nicht aufschieben, sondern meine Vorstellungen verwirklichen.

Gleichzeitig höre ich oft, dass Menschen in einem Krankheitsprozess auf das Hier und Jetzt zurückgeworfen werden, auf ein Leben von Tag zu Tag. Die Aufgabe besteht dann darin, dafür zu sorgen, dass sie in diesem Hier und Jetzt von der Krankheit nicht gänzlich in Besitz genommen werden, etwas, was du, denke ich, sicher oft erlebst – sowohl bei deinen Patienten als auch bei deren Angehörigen. Das ist natürlich unendlich viel leichter gesagt als getan. Und doch gelingt es häufiger, als man denkt, vor allem dann, wenn die Menschen in dieser palliativen Phase – denn darum handelt es sich – von Ärzten und Pflegekräften, ihren Partnern, Pflegenden aus dem Familien- und Angehörigenkreis und von Freunden großzügig unterstützt werden.

Ich erinnere mich gerade an einen Patienten, der neulich aufgrund seiner unheilbaren Erkrankung auf LinkedIn Abschied nahm. Er schrieb so etwas wie: ‚Danke für die Zusammenarbeit, ich werde das jetzt beenden, denn ich möchte in der nächsten Zeit nur noch für meinen kleinen Kreis da sein. Wenn ich euch noch etwas mit auf den Weg geben darf: Letztendlich geht es um die Beziehungen zu den Menschen, die man liebt und mit denen man zusammenlebt. Versucht, das nicht aufzusparen für später, sondern möglichst viel mit diesen Menschen zu erleben.‘

Was ich damit sagen will, ist, dass sich ein Krankheitsprozess größtenteils zwischen den Ohren abspielt. Dazu kann man als Mensch sehr wohl etwas beitragen, indem man sich zum Beispiel fragt: Was kann ich tun, um meine Lebensqualität zu verbessern und mein Leben nicht den Befunden und Therapien auszuliefern? Sich diese Frage zu stellen, setzt schon etwas in Gang, wie bei diesem Mann auf LinkedIn."

Die junge 17-jährige Tochter eines meiner Patienten sagte neulich am Ende des Kontrollgesprächs, das ich mit ihrem Vater führte: „Der eine weiß, dass er nicht mehr lange zu leben hat, der andere weiß, dass er sicher auch nicht ewig lebt. Das ist zwar anders, aber es kann auch Geborgenheit geben, dass wir eigentlich das Gleiche durchmachen, wenn auch in einem anderen Zeitrahmen." Bei allem Respekt, Carlo, ein Professor für Pflegeethik hätte das nicht besser sagen können.

Carlo muss lachen. „So ist es. Sie hat vollkommen recht. Wir alle denken, es sei unser Recht, gesund 85 Jahre alt zu werden, um dann irgendwann morgens einfach nicht mehr aufzuwachen: Ein Tod, wie man sich ihn erträumt. Das ist Unsinn, so läuft es ganz oft nicht, das muss ich dir nicht sagen. Es ist eine Projektion einer Zukunft, die es für viele Menschen gar nicht gibt. Seien wir da mal ehrlich, vor allem angesichts der Kapazitätsprobleme im Gesundheitswesen, aber auch uns selbst gegenüber. Man kann natürlich hoffen, dass sich die Dinge für einen so entwickeln werden, und alles tun, was in seiner eigenen Macht liegt, um die Chance zu erhöhen, aber man sollte dabei nicht vergessen, in der Zwischenzeit auch im Hier und Jetzt zu leben.

Wenn man dann in eine Situation kommt, in der sich ein vorzeitiger Abschied abzeichnet, hat man vielleicht schon den ersten Schritt gemacht, um sich darüber klarzuwerden, was man nun noch tun kann. Eltern, die jung sterben, schreiben ihren kleinen Kindern, die sie zurücklassen, oft Briefe für später. Das finde ich immer wieder schön. Darin steckt viel Existenzielles: Es heißt, im Hier und Jetzt zu leben, sich dem zu stellen, was kommen wird, es heißt aber auch, einen Blick für die Menschen zu haben, die dem eigenen Leben einen Sinn geben und die ohne einen selbst weiterleben. Man könnte einen solchen Brief für später auch schreiben, wenn man noch nicht krank ist."

Rebecca ist eine junge Frau, die ein gutes, sorgfältig überlegtes Leben führt. Sie hat einen Freund, mit dem sie bewusst nicht zusammenlebt. Sie hat auch keine Kinder, und das ebenfalls ganz bewusst. In Bezug auf ihre Arbeit macht sie genau das, was sie will. Sie hat einen großen und festen Freundeskreis, geht aber auch gerne ihre eigenen Wege. Eine Kunstausstellung oder einen Film schaut sie sich am liebsten allein an, am liebsten wochentags um 11 Uhr morgens. Sie hat nicht diese Angst, etwas zu verpassen: Wenn ihre Freunde ausgehen und sie lesend in ihrer Wohnung sitzt, in der sie jedes Möbelstück oder Accessoire sehr bewusst ausgewählt hat, denkt sie nie: „Wäre ich doch nur …"

Als Rebecca erfährt, dass sie an einer aggressiven und metastasierenden Form von Brustkrebs erkrankt ist, gerät sie in Panik. Sie hat Angst und ist auch wütend. Und das bleibt sie auch. Weil sie wenig bis gar nichts über die Krankheit zu sagen hat, während alle über „ihre Krankheit" sprechen. Weil es sie trifft. Nicht, dass sie das einem anderen Menschen wünschen würde, aber warum gerade sie?

Ihre Freundinnen sind für sie da. Sie wollen alles für sie tun, was sie braucht. Rebecca stößt jede ausgestreckte Hand von sich. Sie ist wütend, dass ihre Freundinnen nicht mehr so sein wollen wie sie. Sie hat sich zwar nie im Neid anderer gesonnt und auch nie versucht, sie mit ihrem Leben zu blenden, aber die Vorstellung, dass niemand mehr in ihrer Haut stecken möchte, findet sie unerträglich. Jedes Mal, wenn sie einer Freundin in die Augen schaut, beschleicht sie ein Gefühl von Einsamkeit, das sie noch ängstlicher macht. Die einzige Frau, die sie in ihrer Nähe ertragen kann, ist ihre Mutter. Wenn sie nachts im Bett liegt und in die Dunkelheit starrt, ist sie wütend auf sich selbst, weil sie sich so fühlt. Sie möchte eine liebe Freundin sein, so lieb wie ihre Freundinnen zu ihr wären, wenn sie die Chance dazu bekämen.

Fällt es Menschen schwer, bemitleidet zu werden?

„Menschen wünschen sich Unterstützung und Liebe von ihren Nächsten, wenn sie krank sind und sterben, aber niemand will bemitleidenswert sein. Manche Menschen lösen das, indem sie ein anderes Wort dafür finden. Die Aussage: ‚Mitgefühl ist okay, aber Mitleid nicht' ist dafür ein bekanntes Beispiel. Anteilnahme ist auch ein Wort, das die Menschen erträglich finden.

Das hat damit zu tun, dass man zu jemandem auf Distanz geht, wenn man ihn bemitleidenswert findet. Da steckt so etwas drin wie: Zum Glück bin ich nicht bemitleidenswert, du aber schon. Das macht den anderen kleiner, man sieht ihn nicht mehr als gleichwertig an. Das spüren die Menschen zweifellos, und niemand mag das.

Mitgefühl ist hingegen etwas Wunderbares. Anfang des Jahres ist eine gute Freundin von mir viel zu jung gestorben. Im Bücherregal im Wohnzimmer standen all die Karten, die ihr die Menschen geschrieben hatten, um ihre Anteilnahme auszudrücken. Sie hat sich so sehr darüber gefreut, es hat ihr wirklich sehr geholfen. Offenbar sind wir also in der Lage, Mitgefühl zu zeigen, ohne jemanden bemitleidenswert zu finden. Wie ich schon sagte: Der Übergang zwischen dem sozialen und dem sinnstiftenden Bereich in der Palliativmedizin ist fließend, wenn man sich ansieht, wie Menschen bei schwerer Krankheit und im Sterben miteinander umgehen."

Was ist mit dem Wunsch, für andere von Nutzen zu sein, weiterhin etwas zur Gemeinschaft beizutragen? Finden Menschen, die das Ende nahen sehen, das auch schwierig?

„Manche schon, ja. Wir wissen aus der Diskussion über Lebenssattheit und Studien zu Sterbehilfe, dass es eine ziemlich große Gruppe von Menschen gibt, denen es schwerfällt, sozial auf einem Abstellgleis zu leben. Das hat zum Teil damit zu tun, welchen Wert jemand der Anerkennung durch die Außenwelt beimisst. Braucht man sie? Ist man gewohnt, sie ständig zu bekommen? Ist soziale Beteiligung der Motor, der einen antreibt? Dann fällt es einem vielleicht besonders schwer, mit dem Arbeiten aufzuhören und nicht mehr jeden Tag 150 E-Mails zu bekommen, vor allem, wenn man die Arbeit aus Krankheitsgründen aufgeben muss. Oft ist damit die Angst verbunden, anderen zur Last zu fallen.

Das muss nicht unbedingt etwas Schlimmes sein, aber wenn Menschen mit diesem Gefühl zu kämpfen haben, finde ich es traurig, dass sie sich auf diese Weise verabschieden. Deine Frage erinnert mich an eine Umfrage unter amerikanischen Professoren. In den Vereinigten Staaten arbeiten viele von ihnen weiter bis zum Umfallen oder zumindest bis weit über das Rentenalter hinaus. Aber nicht alle. Die Forscher untersuchten, wer dies tat und wer nicht. In ihrer Schlussfolgerung unterschieden sie zwei Trends. Eine Gruppe sagte: ‚So, endlich habe ich Zeit für meine Enkelkinder und für Dinge außerhalb meiner Arbeit, die mir Spaß machen.' Für eine andere Gruppe von Professoren war die Arbeit so sinnvoll und erfüllend, dass für sie gar nicht daran zu denken war, sie aufzugeben. Beides ist gut, solange sich daraus Sinn und Verbundenheit ergeben, denn das macht Menschen für gewöhnlich glücklich."

Und beim Sterben noch ein bisschen glücklich zu sein, macht es leichter. Das sehe ich hier im Krankenhaus jeden Tag.

Mark (47) arbeitet seit seinem 23. Lebensjahr im erfolgreichen Unternehmen seines Vaters. Es macht ihm Spaß, und die Arbeit gibt ihm Energie, er bekommt Anerkennung, auch weil sein Vater ihm den Freiraum lässt, Dinge anders anzupacken. Sein Jugendtraum ist das jedoch nicht. Eigentlich hatte er Chefredakteur einer schönen Zeitschrift werden wollen – literarische Non-Fiction, eine holländische Version des The New Yorker oder etwas in der Art. Sein Vater hielt das für einen wunderbaren Plan. ‚Das solltest du machen, wenn du 55 bist', sagte er. Mark stimmte zu. Denn dann wäre er älter und weiser – und auch reich genug, um nicht mehr um Anzeigen betteln zu müssen.

Eines Tages tauscht Mark, der sich schon seit einiger Zeit nicht ganz wohlfühlt, die Lampe über dem Badezimmerspiegel aus. Endlich, seine Frau liegt ihm schon seit Monaten damit in den Ohren. Das helle Licht flackert auf. „Komm und sieh es dir an, Liebling", ruft er seiner Frau zu. Gemeinsam stehen sie vor dem Spiegel. Sie sagt: „Das Weiß in deinen Augen ist ziemlich gelbstichig."

Mark hat Bauchspeicheldrüsenkrebs. Mit Metastasen. Die Prognose ist nicht gerade berauschend, sagt er trocken zu seinen Eltern. Er hört sofort auf zu arbeiten. In den ersten Tagen sitzt er noch still auf dem Sofa, doch danach bringt er jeden Morgen seine Kinder zur Schule. Und holt sie auch wieder ab. Er engagiert sich für den Schulgarten. Während eines Gesprächs mit dem Schulleiter und den Lehrkräften, in dem es darum geht, wie sie später, während des Sterbeprozesses und nach seinem Tod, mit seinen Kindern umgehen sollen, fragt Mark, ob es vielleicht eine Idee wäre, wenn er dabei helfen würde, eine Schülerzeitung auf die Beine zu stellen. Das lässt sich der Schulleiter nicht zweimal sagen. Zusammen mit einem Redaktionsteam von 12 Kindern stellt Mark eine fantastische Zeitung zusammen. Das Thema lautet: Welche Bedeutung hat meine Stadt für mich und wie kann ich mich für meine Stadt engagieren? Am Tag der Veröffentlichung feiern sie ein kleines Fest im Redaktionszimmer. Am Nachmittag radelt Mark mit seinen Kindern am Amtssitz der Bürgermeisterin vorbei, um eine Schülerzeitung in ihren Briefkasten zu werfen.

Wenn seine Kinder nach seinem Tod nun mit ihrer Mutter an diesem Briefkasten vorbeifahren, fangen sie jedes Mal gleich an, davon zu erzählen. Wie aufregend das war, denn sie hatten sich gefragt, ob es in Ordnung war, der Bürgermeisterin einfach etwas in den Briefkasten zu stecken. Aber Papa hatte damals gesagt, sie würde sich darüber freuen, und daher war es in Ordnung.

„Sinn und Verbundenheit, darauf komme ich immer wieder zurück. Meine verstorbene Freundin, von der ich gerade erzählt habe, hat in den letzten Monaten vor ihrem Tod das gesamte Familienarchiv durchforstet, um für ihren Bruder, ihre Schwester, ihren Neffen und ihre Nichte ein Buch über die Geschichte ihrer Familie zu schreiben. Es war eine wunderbare symbolische Art, mit ihrer Lebensgeschichte in Verbindung zu kommen. Zudem gibt es dem Leben der Menschen, die ihr nahestanden, einen Sinn, und für sie war es in diesen letzten Monaten ein Trost."

Er zeigt auf seine Uhr. „Angenommen, ich hätte diese Uhr von meinem verstorbenen Vater bekommen. Das könnte bedeutungsvoll sein, weil ich mich mit ihr verbunden fühle. Wenn ich sie jeden Tag am Arm trage, ist mein Vater immer ein bisschen bei mir. Gleichzeitig wird sie dann allmählich zu einem Symbol für die Beziehung, die ich zu meinem Vater hatte: Jedes Mal, wenn ich nachsehe, wie spät es ist, sehe ich, was er mir bedeutet hat. Auf diese Weise kann sich fast ein ganzes Leben im Kleinen und Alltäglichen verdichten. Das ist das Schöne an diesem Bereich der Palliativversorgung. Sie ist eben nicht abstrakt und schwierig. Je sensibler man dafür wird, desto mehr kann man dahinter fühlen, aber auch das muss nicht so sein. Wenn die Uhr mich nur jeden Tag daran erinnert, dass mein Vater zu mir als Kind jeden Tag sagte: ‚Oh, es ist acht Uhr, komm, wir schauen zusammen die Nachrichten an', dann ist das auch gut."

Alles, worüber du gesprochen hast, kommt in den wunderbar einfachen Fragen zum Ausdruck, die du in deinem Buch „Von der Kunst des Lebens zur Kunst des Sterbens: über Spiritualität in der Palliativversorgung" stellst. Würdest du sie abschließend noch einmal für mich nennen?

„Es sind fünf Fragen, wobei jede Frage ein Spannungsfeld in sich trägt. Die erste ist die autobiografische Frage: Wer bin ich, was will ich wirklich, wie gehe ich mit dem um, was mit mir geschieht? Sterbe ich meinen Tod oder lasse ich mich von dem, was andere wollen oder was die Ärzte sagen, ins Schlepptau nehmen?

Die zweite ist die Frage nach der Wechselwirkung zwischen Tun und Lassen, zwischen dem Herumrennen mit dem Tod auf den Fersen und dem apathischen Starren ins Nichts: Wie kann ich das Leben, das mir noch bleibt, in den Griff bekommen und gleichzeitig nicht zu viel Kontrolle ausüben, sondern akzeptieren, dass ich nicht alles in der Hand habe?

Bei der dritten Frage geht es um das Abschiednehmen, um die Spannung zwischen Festhalten und Loslassen. Man könnte sagen: Wenn man von den Menschen Abschied nimmt, mit denen man verbunden ist, ist das nicht nur ein Loslassen, es liegt darin auch so etwas wie ein Halt, den man braucht, um loslassen zu können.

Frage vier lautet: Wie schaue ich auf mein Leben zurück? Darin liegt die Spannung zwischen Erinnern und Vergessen, zwischen dem Wunsch, sich zu erinnern, und dem Wunsch, zu vergessen. Wir wissen, dass es vielen kranken Menschen hilft, das Gefühl zu haben, dass ihr Leben sinnvoll war und sie ausreichend viele schöne Momente hatten, dass sie etwas hinterlassen haben. Es kann aber auch sein, dass da am Ende noch ein schweres Familiengeheimnis vorhanden oder vieles noch nicht abgeschlossen ist. Letzte Woche las ich von dem Fall eines Mannes in den 80ern: alleinstehend, keine Kinder. An seinem Sterbebett kam jemand vorbei und gab sich als sein genetischer Sohn zu erkennen; der Mann war in den 1980er-Jahren Samenspender gewesen. Er hielt das damals für einen sinnvollen Beitrag, auf den er sein Leben lang mit Stolz zurückblickte. Als sein leiblicher Sohn plötzlich im Raum stand, brachte ihn das in seinen letzten Tagen in Verwirrung, weil er nicht wusste, wie viele Kinder er noch hatte und das auch nicht mehr erfahren würde.

Bei der letzten Frage geht es um die Spannung zwischen Glauben und Wissen: Worauf kann ich hoffen und vertrauen, wo finde ich Halt in Bezug auf Sinngebung und Lebens- und/oder Glaubensüberzeugungen? Religion bietet einer ganzen Menge Menschen einen Halt, auch wegen der Traditionen, die damit verbunden sind, und der vielen anderen Menschen, die an das Gleiche glauben – dann steht man nicht allein da. Andere wiederum sehen den Halt in der Wissenschaft als etwas, woran man sich orientieren kann. Und wieder andere sagen: Glaube und Wissenschaft liegen zu weit außerhalb meiner selbst. Ich suche Halt in meinen Gefühlen, in meinen Erfahrungen, in den Seiten meines Charakters, die mir dabei helfen können.

Pim van Lommel, der Kardiologe, der mit seiner groß angelegten klinischen Studie über Nahtoderfahrungen internationale Bekanntheit erlangt hat, erzählte mir bei einem Vortrag, den ich besuchte, dass es in seiner Berufsgruppe viel Widerstand gegen seine Forschung gab. Als er einmal in seinem eigenen Krankenhaus erzählte, wie beeindruckend diese Erfahrungen für die Menschen, die es erlebt hatten, waren – dass sie danach oft ihr Leben veränderten und auch keine Angst mehr vor dem Tod hatten –, stand einer seiner Kollegen auf. Er sagte so etwas wie: „Pim, jetzt musst du doch mal mit diesem Unsinn aufhören, denn ich bin auch seit 30 Jahren Kardiologe und habe noch nie jemanden mit einer Nahtoderfahrung erlebt. Woher du all diese Patienten nimmst, ist mir schleierhaft." In diesem Moment, so erzählte Pim, stand jemand anderes im Saal auf. Er sagte: „Doktor Soundso, ich bin einer Ihrer Patienten gewesen und hatte eine Nahtoderfahrung, aber Sie sind der letzte Mensch, dem ich je davon erzählen würde."

Ich finde, das ist eine aufschlussreiche Geschichte, weil sie zeigt, dass Ereignisse dem Leben eines Menschen wirklich ein anderes Vorzeichen geben können, aber auch, dass Menschen intime Gefühle und Gedanken über das, woran sie glauben, nicht einfach teilen, aus Angst, dass andere mit ihren großen Füßen darauf herumtrampeln, indem sie darüber lachen oder ihren Unglauben unverblümt zum Ausdruck bringen. Für mich gehört das alles in das Feld: Was darf ich hoffen? Worauf oder auf wen kann ich vertrauen?

Auf der Grundlage dieser fünf Fragen gehe ich bei meiner Arbeit ins Gespräch mit Menschen, die schwer krank sind. Das kann jeder tun, dafür muss man kein Experte für Palliativmedizin sein. Diese Fragen öffnen Türen, wozu es früher vielleicht keinen Raum gab im Trubel von Arbeit, Haushalt, Kindererziehung, in dem Bemühen, ein liebevoller Partner für jemanden oder ein guter Freund für seine Lieben zu sein, zwischen Freizeitbeschäftigungen und täglichen Dingen wie Zeitunglesen und so weiter. Es sind auch Fragen, die man sich in jeder Phase seines Lebens stellen kann. Bin ich auf dem richtigen Weg? Bleibe ich in diesem Job wegen der Hypothek oder aus Leidenschaft? Wie steht es um meine Ehe? Gebe ich genug? Bin ich in Berührung mit dem, was ich im Leben will?

Wenn ich eine letzte Botschaft weitergeben darf, Sander: Die vierte Dimension, wie ich sie manchmal scherzhaft nenne, ist nicht irgendein Extra. Sinnhaftigkeit steckt in allem, durch Deutung und Verbundenheit, und in diesem Sinn reist sie immer mit uns. Darauf können wir alle vertrauen, wenn wir ein Auge dafür haben und dem Aufmerksamkeit schenken."

5. Sterben tut nicht weh
Was passiert mit uns, wenn es wirklich ans Sterben geht?

Ich sitze in meinem Sprechzimmer und erledige ausstehenden Papierkram. Nicht gerade meine Lieblingsbeschäftigung, ich habe lieber mit Menschen zu tun. Während der administrativen Puzzlearbeit behalte ich einen alten Mann auf der Station im Blick. Ich kenne ihn seit Jahren als COPD-Patienten. Gestern wurde er mit einem schweren Lungenanfall aufgenommen, und ich glaube, er wird heute oder morgen sterben. Gerade habe ich die drei Töchter des Mannes angerufen und sie gebeten, alles stehen und liegen zu lassen und so schnell wie möglich zu ihrem Vater ins Krankenhaus zu kommen.

Ich bin gerade zu ihm ins Zimmer gegangen, um zu sehen, wie es ihm geht, als sie gemeinsam hereinkommen. Sie sind sehr erschrocken, als sie ihn in einem hochgestellten Bett neben dem Monitor liegen sehen: abgemagert, grau, schwer atmend. Er scheint bereits weit weg zu sein. „Wir haben doch schon einmal darüber gesprochen, als euer Vater hier war, erinnert ihr euch noch?", frage ich.

Die älteste Tochter sieht mich verzweifelt an. „Ja? Daran kann ich mich nicht erinnern."

„Das macht überhaupt nichts", sage ich. „Alles, was ihr seht, ist normal. Das ist das Sterben. Und er wird friedlich gehen."

Die andere Tochter schaut Nägel kauend zu ihrem Vater. „Was geben Sie ihm?" „Nur etwas Morphin gegen die Atemnot", sagt die Pflegekraft, die neben mir steht. Die Frau seufzt tief. „Ich weiß wirklich nicht, ob das so richtig ist. Er hätte nicht so daliegen wollen." Diesen Satz höre ich öfter, etwa ebenso oft wie: „Kann man die Morphinpumpe stärker aufdrehen?"

Stefan liegt im Sterben, ein 78-jähriger Mann mit schwerer COPD und Nierenversagen. In Panik kommen seine Kinder aus dem Zimmer und sagen zu Sander: „Unser Vater trinkt nicht mehr. Sie sagen bloß, dass er stirbt, aber tun Sie doch etwas!" Sie glauben, dass ihr Vater stirbt, weil Sander keine Nahrungs- und Flüssigkeitsgabe mehr anordnet, dass er also an Hunger und Durst stirbt. Sander erklärt, dass es bei einem todkranken Mann wie ihrem Vater ein Symptom und nicht die Ursache des Sterbens ist, dass er nicht mehr isst und trinkt. Schließlich sind sie einigermaßen einsichtig, aber sie bleiben misstrauisch und bestehen darauf, ihm Wasser und einige Nährstoffe über eine Infusion zu geben. „Wenn es nichts nützt, dann schadet es auch nicht", sagen sie immer wieder. „Stimmt's, Herr Doktor?"

Im Jahr 2022 starben in den Niederlanden 169.000 Menschen, darin enthalten ist ein Anstieg aufgrund der Corona-Pandemie. Ohne die Pandemietoten waren es etwa genauso viele Menschen wie in den Jahren 2020 und 2021. In den Vorjahren lag die Zahl der Todesfälle bei etwa 150.000.[9]

Etwa ein Viertel der Menschen stirbt, ohne dass es jemand vorhergesehen hat: durch Unfälle, plötzliche Herzinfarkte, Lungenembolien, tödliche Hirnblutungen. Auch die Suizide gehören zu dieser Kategorie unvorhergesehener Tode, zumindest wussten die Menschen im Umfeld nicht, dass die Betroffenen an diesem Tag sterben würden.

Die Übrigen, etwa 75 Prozent, sterben erwartungsgemäß. Sie durchlaufen einen Sterbeprozess, der manchmal lang, manchmal kurz ist. In drei Vierteln dieser Fälle ist eine medizinische Versorgung in Form von Medikation erforderlich. Ein Viertel braucht das nicht. Sie werden auch versorgt – von einer Pflegekraft, einem Nahestehenden, einem Betreuer –, aber nicht mit Medikamenten. Bei fast zwei von drei Sterbenden wird also in den Sterbeprozess eingegriffen. Dies geschieht, weil das Sterben mit belastenden Symptomen einhergehen kann (aber nicht muss). Atemnot, Schmerzen und Verwirrung sind die drei häufigsten Symptome, und gegen alle drei können wir etwas tun. Wenn jemand Schmerzen hat, liegt das übrigens nicht am Sterben selbst – Sterben tut nicht weh –, sondern an der Krankheit, an der jemand leidet.

In meinem Beruf wird der Sterbeprozess als *final common pathway*, als der letzte gemeinsame Weg, bezeichnet. Der Körper stellt den Betrieb ein, die Lichter gehen aus, eins nach dem anderen. Dabei kommt es zu einem „Sturm" von Reaktionen des Körpers, der vor allem vom Immunsystem angetrieben wird und in dieser Form einzigartig ist. Man könnte auch sagen, dass der *final common pathway* durch eine übertriebene Immunreaktion ausgelöst wird, bei der alle möglichen Stoffe aktiv werden, die unser System zum Zusammenbruch bringen. Ich finde, das Interessante am „letzten gemeinsamen Weg“ ist, dass fast jeder irgendwann dasselbe Muster durchläuft. Der Zeitrahmen kann unterschiedlich sein, aber die Symptome des Sterbens sind die gleichen.

Essen und Trinken

Der Tod kündigt sich zunächst dadurch an, dass man aufhört zu essen. Der Körper will keine Nahrung mehr, er braucht keine Bausteine und Brennstoffe mehr, denn er ist dabei, alles abzuschalten. Kurz darauf verschwindet auch der Durst, das Bedürfnis, zu trinken. Flüssigkeit ist für alles Mögliche wichtig, aber beim Sterben ist sie Ballast. Angehörige wie Stefans Kinder geraten darüber oft in Panik, aus der tief verwurzelten Überzeugung, dass Kranke gut essen und trinken müssen. Also müsse das auch beim Sterben so sein. Da sie wenig trinken, leiden Sterbende oft unter Mundtrockenheit und rissigen Lippen. Dies ist unangenehm und schmerzhaft und sollte durch ständiges Befeuchten des Mundes und Einschmieren der Lippen und Mundränder mit Vaseline verhindert werden. Es gibt auch ein Medikament, das eine Art künstlichen Speichel liefert.

Das hört sich alles ziemlich umständlich an – warum sollte man die Betroffenen nicht einfach an einen Tropf mit etwas Flüssigkeit hängen? Angehörige bestehen oft auf dieser Lösung. In vielen Kulturen wollen die Menschen, dass ein Sterbender bis zum Moment des Todes Flüssigkeit erhält. Ich bin nicht dafür. Meiner Meinung nach verlängert man mit einer Infusion nur das Leben des Sterbenden und möglicherweise auch sein Leiden. Das ist nicht sinnvoll, zumal man mit einer guten Mundpflege am Sterbebett – durch Befeuchten und Einfetten – die Probleme der Mundtrockenheit verhindern und beseitigen kann.

Sterbebegleitung ist natürlich Maßarbeit. Die Regel ist, dass man keine Flüssigkeit mehr verabreicht, aber man kann mit gutem Grund von dieser Regel abweichen, sie ist nicht in Stein gemeißelt. Ich tue das manchmal – und viele andere Ärzte auch –, zum Beispiel, wenn es den Angehörigen wichtig ist, dass der Sterbende weiterhin eine Infusion mit Flüssigkeit erhält.

Gesichtsveränderungen

Das zweite Symptom des Sterbeprozesses ist eine rasche Verringerung der Pumpfunktion des Herzens. *Cardiac output* nennen wir das: Wie viel und wie häufig stößt das Herz jeweils Blut aus? Beides verschlechtert sich bei Sterbenden schnell, und man kann es ihnen ansehen. Ein häufiges äußeres Merkmal eines schwächeren *cardiac output* sind Durchblutungsflecken: Die Haut wird blass, und es entstehen weiß-rote Flecken um die Knie und an den Oberschenkeln, später auch an den Armen und am Rumpf. Man nennt das Leichenflecken, aber ich bevorzuge die Bezeichnung Durchblutungsflecken. Außerdem fällt das Gesicht ein, Nase und Kinn werden spitz.

Ich warne die Leute immer: Der Mensch, den sie lieben, wird anders aussehen. Das ist normal und bedeutet nicht, dass er oder sie leidet. Wir haben das gerade bei den Kindern des COPD-Patienten gesehen, der jetzt auf der Station im Sterben liegt. Sie gerieten in Panik, weil ihr Vater plötzlich ein anderes Gesicht hatte, eine Nase, die sie nicht kannten. Das ist natürlich auch seltsam und beängstigend. Wenn man darauf nicht vorbereitet ist, kann es einen hart treffen. Ich will damit nicht sagen, dass die Menschen, die mit den Symptomen des Sterbens vertraut sind, sich nicht mehr erschrecken, aber ich denke, das Wissen hilft ihnen enorm dabei zu akzeptieren, dass der Tod bevorsteht.

In diesem Stadium stehen die Sterbenden nicht mehr aus dem Bett auf. Das Sterben findet hier statt. Man kann sich nicht mehr groß bewegen und schon gar nicht mehr gehen. Dreiviertel der Sterbenden sind zudem an ihrem letzten Tag nicht mehr ansprechbar, viele schon vorher nicht mehr. Sie scheinen ihre Umgebung nicht mehr richtig wahrzunehmen, und ihre Augen bekommen einen leeren, trüben Blick – ein weiteres charakteristisches Muster im Sterbeprozess. Angehörige sagen oft: „Es scheint so, als ob mein geliebter Mensch durch mich hindurchschaut." Das ist für sie sehr schwierig. Die Augen sind die Spiegel der Seele, und die sehen sie nicht mehr.

In Wirklichkeit hat es nicht viel mit der Seele zu tun – die ist immer noch da. Es ist hauptsächlich eine physiologische Erscheinung. Der medizinische Ausdruck für den leeren Sterbeblick ist *facies hippocratica*. Wenn Sie versuchen, Bilder dazu im Internet zu finden – ich habe das einmal für eine Präsentation getan –, werden Sie feststellen, dass Sie dazu wenig finden, obwohl das sehr häufig vorkommt. Offenbar möchte oder wagt sich niemand, diesen Blick einzufangen, ich glaube, aus Ehrfurcht. Wie gerne macht man Fotos bei einer Geburt und zeigt sie eifrig bei einer Essenseinladung herum, und wie ungern hält man dagegen das Sterben fest, das, was vom Blick eines Menschen übrig bleibt, bevor die Seele den Körper endgültig verlässt.

Dieser leere Blick – auch *lion's gaze* genannt – wird ebenfalls durch die nachlassende Herzleistung in den letzten Lebenstagen eines Menschen ausgelöst. Alle Organe werden dann schlechter durchblutet, was zu Organversagen führt. Die Leber, die Nieren, die Lunge, die Haut, das Herz und das Gehirn stellen ihre Arbeit ein, sodass sie unter anderem Abfallstoffe nicht mehr richtig abbauen. Diese Abfälle „stapeln" sich dann im Blutkreislauf. Versagt eine Niere, sammelt sich im Körper Harnstoff an, versagt die Leber, sammelt sich Ammoniak an, und versagt die Lunge, sammelt sich Kohlendioxid an. Alle diese Anhäufungen von unverarbeiteten Abfallprodukten führen zu Benommenheit und verminderter Ansprechbarkeit. Fast scherzhaft nenne ich dies manchmal einen Mechanismus des Körpers, um den Tod erträglicher zu machen. Es ist gut, dass man benommen wird, es ist gut, dass man weniger wahrnimmt, es ist gut, dass man schläfrig ist. Eigentlich erzeugen wir eine autologe palliative Sedierung: Wir helfen uns selbst beim Sterben. Der Körper hat eine hoch entwickelte Fähigkeit, uns vor den unangenehmen Seiten des Sterbens zu schützen.

Ich werde manchmal gefragt, ob Sterbende trotz der *facies hippocratica* noch etwas sehen können. Neulich fragte mich eine Tochter, ob es sinnvoll sei, ihrer Mutter die Brille aufzusetzen (die Frau hatte minus fünf Dioptrien). Es gibt eine ganze Reihe von EEG-Studien über die Aktivität der Sinne in der Sterbephase. Das Gehör und der Tastsinn bleiben fast bis zum Schluss intakt, das wissen wir aus diesen Studien.

Inwieweit das visuelle Zentrum des Gehirns in dieser Phase noch aktiv ist, wissen wir nicht so genau. Das liegt auch daran, dass Sterbende, vor allem in den letzten Tagen, ihre Augen fast die ganze Zeit über geschlossen halten. Zu der Tochter habe ich gesagt: „Unabhängig davon, ob sie Sie sieht, kann sie Sie mit Sicherheit hören. Und sie spürt auch Ihre Zärtlichkeit, wenn Sie sie berühren." Die Kommunikation mit Sterbenden erfolgt über das Hören und Fühlen. Die Botschaft, die man aus dieser Forschung mitnehmen sollte, lautet: Sprechen Sie nicht über jemanden, sondern mit jemandem, der im Sterben liegt. Nehmen Sie diese Person mit in die Gespräche im Raum, erzählen Sie ihr Geschichten, sagen Sie, was Sie denken oder fühlen.

Die Tochter war froh über die Erklärung. Sie ließ die Brille auf dem Nachttisch liegen, setzte sich neben das Bett und hielt die Hand ihrer Mutter, während sie Geschichten von früher und alltägliche Dinge wie den Frühstückstisch am Sonntagmorgen erzählte.

Cheyne-Stokes-Atmung

Das vierte Symptom während des *final common pathway* – noch einmal: diese Symptome treten oft nebeneinander auf – ist das Versagen des Gehirns. Eine Folge davon ist beispielsweise Sauerstoffmangel im Hirnstamm, der häufig zu einem Aussetzen der Atmung führt, was in der Fachsprache *Cheyne-Stokes-Atmung* genannt wird. Etwa die Hälfte der Sterbenden atmen in ihren letzten Tagen auf diese Weise. Manchmal setzt die Atmung für bis zu 30 Sekunden aus, gefolgt von einer starken Beschleunigung der Atmung für einige Sekunden, bevor sich schließlich für einige Augenblicke wieder normales Ein- und Ausatmen einstellt – bis zur nächsten Unterbrechung. Für Angehörige kann es sehr belastend sein, dies mitzuerleben, vor allem, wenn sie nichts darüber wissen.

Bertus ist ein sterbender Mann in seinen späten 60ern. Er ist viel zu jung, um zu sterben, und doch passiert genau das, weil er an schwerer Herzinsuffizienz und COPD leidet. Bertus hat sich schon seit einiger Zeit mit seinem Schicksal abgefunden. Auch mit Sander hat er bei Terminen in der Ambulanz, die seine Frau Annet wegen ihrer Arbeit nicht wahrnehmen konnte, schon mehrmals darüber gesprochen. Annet ist so wütend und verzweifelt, dass kein Raum ist, das Sterben zu akzeptieren. Sie will nicht über den bevorstehenden Tod ihres Mannes sprechen, nicht mit ihm, nicht mit Sander und nicht mit Freunden. Auch die Palliativpflegerin der Station, auf der Bertus liegt, beißt auf Granit. „Palliativversorgung ist etwas für Sterbende, die brauchen wir nicht."

Im Zimmer sitzt Annet ein paar Meter vom Bett entfernt, aber sie hat ein wachsames Auge auf Bertus. Er liegt ganz ruhig da, bewegt sich kaum, und seinem Gesicht nach zu urteilen hat er keine Schmerzen. Allerdings stockt seine Atmung manchmal, was sich mit kurzen Phasen normaler Atmung abwechselt. Als Bertus für längere Zeit – mehr als eine halbe Minute – nicht atmet, steht sie auf, geht zum Bett und gibt ihm mit der flachen Hand eine heftige Ohrfeige. Bertus erschrickt; er sieht sie mit großen, leeren Augen wild und verängstigt an. Auch Annet ist erschrocken. „Ich wollte ihn nur aufwecken", sagt sie und weint, „ich dachte, er würde sonst ersticken."

Bei langen Atempausen in den letzten Stunden denken darüber unzureichend aufgeklärte Menschen am Sterbebett oft, dass jemand tot sei. Wenn er dann weiteratmet, ist die Erleichterung groß: Puh, er ist noch da. Gleichzeitig sitzen sie gerade wegen des Stillstands der Atmung am Bett des Sterbenden. Es ist also ein ambivalentes Gefühl: Sie sind über etwas bestürzt, worauf sie eigentlich warten. Eine gute Trauerbegleitung kann die Verwirrung über und die Angst vor dem Atemstillstand nehmen – das ist hilfreich für die Menschen am Sterbebett und mindestens ebenso hilfreich für die Frau oder den Mann, die oder der auf dem Sterbebett liegt. Ruhe am Krankenbett ist das beste Geschenk, das Angehörige einem Sterbenden machen können.

Röcheln

Ich möchte dem *final common pathway* noch etwas Letztes hinzufügen: den Verlust der Reflexe, insbesondere des Schluck- und Hustenreflexes. Was dazu führt, dass Schleim im hinteren Teil des Rachens zurückbleibt. Das hört man. Wir nennen das Röcheln, es wird manchmal auch als Todesröcheln bezeichnet.

Röcheln ist sehr häufig; jeder dritte Sterbende tut es. Viele Angehörige finden es schrecklich. Sie denken, dass alles Mögliche getan werden müsse, weil sie befürchten, dass der Sterbende ersticken könnte. Ich habe einmal mit einer Frau über dieses Phänomen gesprochen. Sie erzählte mir, dass ihr Vater vor zwölf Jahren gestorben sei. Er sei letztlich erstickt, sagte sie. Ich fragte sie, wie das abgelaufen sei und was sie gesehen habe. „Es kamen merkwürdige Geräusche aus seiner Kehle", antwortete sie. Ich wusste sofort: Dieser Mann war nicht erstickt, das war ein Röcheln. Offenbar hatte niemand mit Fachkenntnis der Frau am Sterbebett erklärt, was da ablief und dass sie und ihre Mutter keine Angst haben mussten, dass er erstickt. Daher blieben sie mit dem Gedanken zurück, dass er einen schrecklichen Tod und schwer gelitten hatte. Dabei war es einfach ein Röcheln. Das ist eigentlich weder unheimlich noch schlimm. Für Angehörige, die nicht wissen, was gerade passiert, aber sehr wohl, denn sie denken, dass der Sterbende leidet. Doch das ist nicht der Fall. Das Röcheln hindert Sterbende nicht daran, ruhig zu atmen.

Das Rasselgeräusch kommt aus dem hinteren Teil des Rachens und entsteht durch Schleim, den der Betroffene nicht mehr abhustet, wie wir es normalerweise tun, wenn dort etwas festsitzt. Was man dann hört, ist nichts anderes als das Hin- und Herbewegen dieses Schleims. Sterbende Menschen stören sich nicht daran. Zumindest habe ich noch nie einen Hinweis darauf gefunden. Das Röcheln ist jedoch ständig präsent. Menschen, die bei den Sterbenden sind, empfinden das oft als unangenehm. Es ist irgendwie auch ein lästiges Geräusch. Aber der Sterbende liegt einfach still da und röchelt leise. Wenn er unruhig ist, liegt das nicht am Röcheln.

Nachdem ich erklärt habe, was mit dem Sterbenden in diesem Moment geschieht, fragen die Angehörigen oft, ob wir den Schleim nicht absaugen können, wie die Zahnarzthelferin es mit dem Speichel tut, wenn man lange auf dem Behandlungsstuhl liegen muss. Das ist möglich, das haben wir früher oft gemacht, aber es ist nicht nötig, und Sterbende finden es oft lästig. Man merkt das sofort, sie reagieren mit Unruhe auf dieses Gefummel in Mund und Rachen. Außerdem kehrt das Geräusch nach kurzer Zeit wieder zurück. Das Absaugen ist wirklich sinnlos und für die Sterbenden unnötig belastend. Manchmal dreht man dann heute den Sterbenden noch auf die Seite, in die stabile Seitenlage, aber auch das ist unnötig belastend, man sieht ihnen an, dass sie das nicht mögen.

Vor einiger Zeit wurden die Ergebnisse einer Studie über die Verabreichung eines schleimlösenden Medikaments per Injektion (es kann auch per Pflaster verabreicht werden) veröffentlicht. Die Hälfte der Probanden röchelte nicht, wenn das Medikament von Beginn der Terminalphase an verabreicht wurde. Das ist zwar wunderbar, eine schöne Studie, aber ich habe doch so meine Schwierigkeiten damit. Man kann sich zu Recht fragen, ob das Sinn ergibt. Für wen verabreichen wir diese Injektionen? Für die Angehörigen. Das entspricht auch sehr dem Wunsch, dass der Tod so beherrschbar wie möglich vonstattengeht. Unangenehme Geräusche, eingefallene Wangen, eine graue Totenmaske – das wollen wir lieber nicht erleben.

Andererseits hilft es auch dem Sterbenden, wenn seine Angehörigen einigermaßen entspannt bei ihm sitzen. Wenn ein solches Pflaster, das den Sterbenden nicht stört, dazu beiträgt – warum nicht? Dennoch werde ich selbst bei den Familien meiner Patienten nicht so schnell darauf drängen. Ich finde es besser, ihnen zu erklären, was dieses Röcheln ist und dass ihr geliebter Mensch nicht leidet oder erstickt. Zum Sterben gehören nun einmal ein paar Dinge, die nicht schön oder beherrschbar sind. Wir müssen lernen, das zu akzeptieren.

Damit möchte ich nicht sagen, dass Menschen in dieser Phase kaum noch etwas benötigen. In der allerletzten Phase des *final common pathway* brauchen die meisten Menschen kaum noch Hilfe, sie gehen den Weg allein und wissen intuitiv, wie das geht. Aber in den Tagen, manchmal Wochen davor leiden sie häufig unter Symptomen, die mit dem nahen Tod einhergehen. Dann ist Hilfe beim Sterben natürlich geboten. Atemnot kommt häufig vor. Damit wird der Körper, ähnlich wie mit Schmerzen, nicht selbst fertig. Das macht die Menschen ängstlich und unruhig. Beidem können wir mit der richtigen Medikation abhelfen, auch mit Morphin in einer den Symptomen angemessenen Dosis.

Als ich neulich Dienst hatte, fragte die Enkelin eines Patienten, der im Sterben lag, ob der Sterbeprozess auch manchmal plötzlich zum Stillstand kommt. Eine gute Frage. Kommt es vor, dass irgendwo auf dem *final common pathway* das Herz wieder normal zu pumpen beginnt, das Röcheln aufhört und die Hautfarbe wieder normal wird? Die Antwort lautet: Nein. (Oder: Wunder gibt es immer wieder, aber Nein.) Der *final common pathway* ist unumkehrbar. Unwiderruflich.

Aber der Prozess dauert unterschiedlich lange. Mein Vater hatte auf seinem Sterbebett *Cheyne-Stokes-Atmung*. Als meine Familie fragte, wie lange das dauern würde, nahm ich eine Grafik aus einem meiner Vorträge zu Hilfe. „Zu Atemstockungen kommt es in den letzten beiden Tagen", sagte ich. Wir schnappten uns alle unsere Schlafsachen und legten uns neben ihn.

Am nächsten Morgen kam eine Krankenschwester ins Zimmer und sagte: „Leute, er liegt noch gar nicht im Sterben. Es ist noch nicht nötig, hier zu übernachten." Es dauerte dann noch acht Tage, bis er starb.

Am letzten Tag sagte meine Familie im Scherz: „Sander, du redest immer so viel vom Sterben und sagst immer, dass du so viel darüber weißt, aber wir glauben das nicht mehr." Nun gut, normalerweise dauert es nicht so lange. Wenn die *Cheyne-Stokes-Atmung* einsetzt, ist es normalerweise eine Sache von ein oder zwei Tagen.

Sterben braucht seine Zeit

Denise ist eine 78-jährige ehemalige Professorin für Literaturgeschichte, die an metastasiertem Lungenkrebs stirbt. Sie hat Dutzende richtungsweisender Artikel veröffentlicht und ist während ihrer Arbeit immer viel gereist. Sie will nicht sterben. Das will sie wirklich nicht. Es gibt noch unendlich viel zu lesen und mit jungen Literaturwissenschaftlern zu diskutieren. „Ich hätte mir bei all dem Lesen und Schreiben nicht eine Zigarette nach der anderen anstecken sollen", sagte sie oft spöttisch zu ihren Söhnen, wenn diese sie zur Chemotherapie ins Krankenhaus fuhren.

Nun ist es so weit, Denise liegt im Sterben. Sie liegt ruhig im Bett. Manchmal stockt ihre Atmung, aber nicht immer. Ab und zu öffnet sie die Augen. Dann schaut sie sich im Zimmer um, als ob irgendwo etwas Wichtiges versteckt wäre. Ihre Nase und ihr Kinn sind spitz, aber sie sieht gar nicht so blass aus. Ihr jüngster Sohn macht sie jeden Morgen ein wenig zurecht, und dann liest er ihr zwei Zeitungen vor. Nach sechs Tagen auf dem Sterbebett in mehr oder weniger demselben Zustand ist sie immer noch am Leben. Die Söhne unterhalten sich an der Kaffeemaschine am Ende des Flurs darüber. „Es liegt daran, dass sie so klug ist", sagt der eine, „all dieser Verstand, sie kann einfach nicht loslassen." Sein Bruder nickt: „Das könnte gut sein. Vielleicht sollten wir aufhören, ihr ständig diese Zeitungen vorzulesen – dann kann sie die Welt vielleicht hinter sich lassen."

Es gibt keinen Zusammenhang zwischen dem Intellekt und dem Sterbeprozess. Menschen, die ihr Physikstudium mit Auszeichnung abschließen, sterben nicht auf klügere Weise, sie sterben wie jeder andere auch. Man muss nicht hochgebildet sein, um in Ruhe oder in Würde oder wie auch immer zu sterben.

Wie kommt es, dass es manchmal sechs oder acht Tage dauert? Ich glaube, das liegt meistens an einer Kombination aus mehreren Faktoren. Um beim Physiologischen zu bleiben: Menschen ohne kardiale Vorgeschichte, die also noch nie Herzprobleme hatten, halten in der Regel länger durch: Das Herz setzt später aus. Wenn jemand noch eine starke Lunge hat, kann es ebenfalls länger dauern.

Die Quintessenz ist, dass wir nicht genau vorhersagen können, wie lange das Sterben dauern wird. Für viele Angehörige ist das nicht leicht zu ertragen. Es widerspricht der Vorstellung von Machbarkeit in der medizinischen Versorgung, nach der sich die Menschen so sehr sehnen. Eine häufige Bitte an den Arzt ist: „Können Sie die Morphinpumpe etwas aufdrehen, denn es dauert so lange?" Das tue ich nicht, weil der Sterbende nicht leidet. So erkläre ich es auch den Familienmitgliedern, die danach fragen. Ich denke, wir haben am Sterbebett nur ein Ziel: das Leiden des Sterbenden zu verhindern und zu beenden.

Der Sterbeprozess kann also durchaus bis zu einer Woche oder zehn Tagen dauern. Das ist äußerst zermürbend, das verstehe ich sehr gut. Wenn die Angehörigen das als sehr hart empfinden, fühle ich mit ihnen, aber rechtlich und ethisch gibt es für mich kein Argument, den Tod zu beschleunigen. Das Sterben dauert seine Zeit, meist ein paar Tage, manchmal etwas länger. Ich sage oft zu Familien, die sich beschweren: „Berührt die Sterbende jetzt, denn jetzt geht das noch. Sie reagiert vielleicht nicht so, wie ihr es gerne hättet, aber sie ist noch da, sie lebt noch, sie lebt noch in diesem Körper. Nehmt diese Zeit als einen Abschied, von dem man nicht genau weiß, wie lange er dauern wird. Abschied zu nehmen bedeutet nicht nur, an der Tür zu winken oder auf dem Bürgersteig zu stehen, bis das Auto hupend um die Ecke verschwindet." Sechs Tage lang jeden Tag ein paar Stunden bei einer Sterbenden zu sitzen, ihr vielleicht noch einmal ihre Lieblingsgeschichten von Roald

Dahl vorzulesen oder Gerichte aus der italienischen Küche zuzubereiten, die sie so sehr geliebt hat, das ist auch ein Abschied, darin besteht gerade das Abschiednehmen.

Man sollte auch bedenken, dass es für einen Sterbenden sehr unangenehm ist, wenn geliebte Menschen gestresst, wütend, unsicher oder unzufrieden um das Bett herumstehen. Sie übertragen diese Gefühle auf den Sterbenden. Mich selbst würde es sehr beunruhigen, wenn ich das Gefühl hätte, dass alle um mich herum in Panik sind. Wie bereits erwähnt, können Menschen bis zu ihrem Ende hören. Wenn man in einem Zimmer stirbt, in dem die Frau und die Kinder, die man 50 Jahre lang geliebt hat, abwechselnd weinen, weil man angeblich am Ersticken ist, und rufen: „Herr Doktor, tun Sie doch um Gottes willen etwas", dann ist das kein schönes Sterben.

Doch Unruhe rund um ein Sterbebett kommt häufig vor. Ich sehe, dass dies auch im Zusammenhang mit dem Beharren auf einer verlängerten Behandlung steht: Die Ärzte möchten das, weil sie gerne helfen; die Patienten möchten es, weil sie gerne länger leben wollen: die Angehörigen möchten es, weil der Patient dann länger bei ihnen bleibt. So braucht niemand über das Sterben nachzudenken. Wenn das lange so geht – also von einer Behandlung zur nächsten zu wechseln –, bleibt irgendwann kaum noch Zeit, auf den Tod hinzuleben. Vor allem, wenn eines rasend schnell in das andere übergeht – und das passiert häufig. Dann bleibt buchstäblich kein Raum mehr, sich rechtzeitig vom Leben zu verabschieden. Man wird erst spät zu einem Sterbenden. Das ist natürlich auch gut und es hat sicher seine Berechtigung, denn so schön ist es nun auch wieder nicht, zu sterben. Ich glaube jedoch, dass das nebeneinanderstehen kann: ein Sterbender zu sein, während man sich auf sein Leben ausrichtet. Jedenfalls, wenn man darüber spricht, denn Sterben bedeutet nicht nur, sich von anderen zu verabschieden, sondern auch von sich selbst.

Ich erlebe oft, dass sich am Sterbebett gute Gespräche zwischen Familienmitgliedern und Freunden entwickeln, wenn man den Mut aufbringt und dazu fähig ist, sich darauf einzulassen. Die Gefahr ist, dass ich das Sterben romantisiere – diesen Vorwurf höre ich immer wieder. Aber dem kann ich nicht zustimmen. Ich weiß natürlich sehr wohl, dass ein Sterbeprozess unglaublich schwer, schwierig und auch furchterregend und traumatisch verlaufen und für die Hinterbliebenen mit schlimmen Erinnerungen verbunden sein kann, aber das lässt sich meist vermeiden. Ich weiß das als Arzt und ich weiß das als Kind, das am Sterbebett beider Eltern gestanden hat.

Meine Mutter starb vor zehn Jahren. Zu Beginn ihres *final common pathway* habe ich ein paar Flaschen teuren Wein gekauft. Meine Brüder, meine Schwester und ich saßen um ihr Bett herum und stießen auf ihr Leben an. Ich würde fast sagen: Nehmen Sie sich in dem hektischen Leben, das die meisten von uns führen, die Zeit und die Ruhe, die ein gutes Sterben mit sich bringen kann. Nehmen Sie das zum Anlass für Vertiefung, Kontemplation, Empfindsamkeit, Empathie und auch für Neugierde. Alles im Leben fliegt letztlich vorbei, auch das Sterben eines geliebten Menschen.

Lassen Sie sich die Schönheit des Sterbeprozesses nicht dadurch entgehen, dass Sie auf das Röcheln oder die blasse, spitze Nase fixiert sind, die Sie jedes Mal erschreckt, wenn Sie das Zimmer betreten, oder darauf, wie lange es dauert. Gehen Sie den anderen am Sterbebett nicht aus dem Weg, weil Sie glauben, sie so zu schonen oder Unannehmlichkeiten zu umgehen. Sprechen Sie über praktische Dinge, wenn Sie möchten. Es kann guttun, sich einen Moment Zeit zu nehmen, um über die Bettwäsche zu sprechen, in der Oma liegt. Vielleicht ergibt sich daraus ein Gespräch darüber, wie Sie sich gefühlt haben, als Sie noch bei ihr wohnten und in ihrer gestärkten Bettwäsche lagen. Das hilft, und es ist unvergesslich. Durch die Zeit am Sterbebett meiner Mutter ist eine tiefe Verbindung zu meinen Geschwistern entstanden und geblieben.

Mia, 83, fühlt sich nicht alt, aber sie ist doch erschöpft. Das sagt sie manchmal zu ihren Enkelkindern, denen sie sich eng verbunden fühlt. Sie haben ihre Mutter früh verloren. Zum Glück wohnte Mia gleich um die Ecke. In den letzten Jahren hat sie viele Beschwerden und Gebrechen. Das sagt sie auch, aber nicht zu den Enkeln. Sie haben schon genug durchgemacht. Eines dieser „Gebrechen" war eine fortgeschrittene Herzinsuffizienz. Als ihr ältester Enkel für ein Jahr nach Argentinien gehen will, ermutigt sie ihn, das zu tun. Sie schenkt ihm ein Büchlein mit Omas Reisetipps („Fahre nie ohne eine Flasche Apfelessig los") und winkt ihm zum Abschied von ihrem Sessel am Fenster aus zu, von dem sie immer schlechter hochkommt.

Als er eine Weile weg ist, schafft sie es gar nicht mehr zurück in den Sessel. Sie will lieber im Bett bleiben, so schlecht und ausgelaugt fühlt sie sich. Eines Morgens hat sie einen Herzinfarkt. Sie überlebt nur knapp. Sie will auf keinen Fall ins Krankenhaus, um ihr Herz kurieren zu lassen. „Es reicht", sagt sie.

Die Sterbephase beginnt. Mia schläft fast den ganzen Tag. Von Essen will sie nichts mehr wissen. Nur einen Teelöffel Cuarenta y Tres, ihren Lieblingslikör, nimmt sie hin und wieder noch zu sich. Sie ist immer seltener ansprechbar. Der Enkel wird benachrichtigt. Er verspricht, so schnell wie möglich aus dem Hochgebirge an der chilenischen Grenze, wo er sich gerade aufhält, nach Hause zu kommen. Drei Tage später ist er immer noch nicht da. Mia war in den letzten 24 Stunden kaum bei Bewusstsein. Ob der Enkel es noch schafft? Am Freitagmorgen um Viertel nach sechs steht er plötzlich vor der Tür, den Staub aus den Bergen noch in den Haaren. Behutsam betritt er das Zimmer, in dem Mia im Sterben liegt. Er setzt sich neben sie, nimmt ihre Hand, küsst sie und sagt: „Hallo, liebste Oma", und bleibt dann so sitzen. Mia öffnet die Augen. Der Junge kramt in seinem Rucksack und holt ein Metallfläschchen hervor. „Apfelessig", sagt er. Sie lächelt ihn an und drückt sanft seine Hand, ihre Lippen formen ein „Hallo".

Einen Tag darauf schläft sie ein, gerade zu der Zeit, als alle kurz in der Küche stehen und gespannt dem fesselnden Reisebericht aus Buenos Aires lauschen.

Jeder kennt eine solche Geschichte. Todkranke Menschen, die mit dem Sterben „warten", bis die Tochter entbunden hat oder das Kind von einer langen Reise zurückgekehrt ist. Mit Willenskraft den eigenen Tod noch eine Weile hinauszögern – ist das möglich? Oder ist es gerade umgekehrt, dass der andere beim Tod eines Partners nach 60 Jahren Ehe schnell nachfolgt?

Ich jedenfalls glaube an die Wirkung von Willenskraft und Ergebung beim Sterben. Als meine Mutter starb, lebte ihre eigene Mutter noch. Sie war über 90 und in relativ guter Verfassung. Sie nahm von ihrer Tochter, die immer ihr Augapfel gewesen war, Abschied. Es war schrecklich für sie. Das letzte Bild, das ich von meiner Großmutter vor Augen habe, ist, wie sie in ihrem Rollstuhl in den Kleinbus fährt, der sie zurück in das Pflegeheim bringt, in dem sie lebt. Am Tag der Beerdigung meiner Mutter hatte ich gerade meinen guten Anzug angezogen, als jemand aus dem Heim anrief und sagte, dass Oma tot im Bett liege.

Es gibt keine wissenschaftlichen Beweise für diese Art von Geschichten, und ich glaube nicht, dass man die jemals finden wird, aber ich kann mir nicht vorstellen, dass es keinen Zusammenhang zwischen dem Tod meiner Mutter, den wir kommen sahen, und dem plötzlichen Tod meiner Großmutter gibt, wie alt sie auch war. Der Kummer über den Verlust ihrer Tochter, das Trauma des Abschieds – das muss ihr den Tod gebracht haben. Schade, dass das nicht schon zwei Wochen früher geschah. Dass sie den Tod ihrer Tochter am Ende ihres langen Lebens miterleben musste, tut mir leid für sie und auch für meine Mutter.

Sjaantje ist 91 Jahre alt und lebt seit zwei Jahren in einer Seniorenwohnung im Bereich „betreutes Wohnen", aber sie braucht dort nicht viel Hilfe. Aufstehen, duschen, anziehen, ihren kleinen Haushalt führen, das schafft sie noch. Körperlich ist sie einfach nur alt, ein bisschen verschlissen, aber abgesehen von einer leichten Form der Herzinsuffizienz und etwas Arthrose hat sie nichts Besorgniserregendes. Vorsichtshalber trägt sie ein Notrufarmband. Sollte sie einmal stürzen und nicht mehr selbst aufstehen können, bleibt sie nicht stundenlang auf dem Boden liegen, bis jemand sie findet.

Eines Morgens, noch vor sieben Uhr, drückt sie den Notrufknopf. Ein diensthabender Krankenpfleger denkt sofort: Sjaantje drückt nie den Knopf, da muss etwas Gravierendes passiert sein. Er eilt zu ihrer kleinen Wohnung. Dort findet er sie im Bett, wach, aufmerksam und gelassen. „Kannst du meine Kinder kommen lassen?", fragt sie, „der Tod kommt, ich fühle es." Der Pfleger nimmt kurz ihre Hand, sagt ihr, sie solle sich keine Sorgen machen, und geht dann in das kleine Wohnzimmer, um ihren Sohn und ihre Tochter anzurufen. Als er ein paar Minuten später ins Schlafzimmer zurückkehrt, ist Sjaantje tot.

Zwei Wochen passierte einer Freundin von Sjaantje, ebenfalls eine Dame in den 90ern ohne ernsthafte Beschwerden, etwas Ähnliches: Ihre Tochter kam wie immer dienstags mit Krabbenkroketten zum Mittagessen vorbei. Gytha, so hieß die Dame, liebte diese wöchentlichen Mittagessen – wegen der Kroketten und wegen ihrer Tochter. An dem Dienstag, der ihr letzter sein sollte, aß sie nur sehr langsam und zögerlich, kleine Mäusehäppchen. „Ich habe Lust auf Kroketten, aber dann irgendwie doch nicht", sagte sie. „Gestern hatte ich auch schon keinen Appetit."

„Vielleicht kursiert eine Magen-Darm-Grippe", vermutete die Tochter, „ist dir schlecht?"

Gytha zuckte mit den Schultern. „Ich weiß es nicht, ich glaube, ich sterbe einfach. So fühlt es sich jedenfalls an." Die Tochter umarmte sie. „Ach Mama, das sind doch bloß dumme Gedanken. Komm, ich mache dir einen Tee."

Während sie darauf wartete, dass das Wasser kochte, dachte die Tochter: „Vielleicht sollte ich heute Nacht hierbleiben, irgendetwas stimmt nicht." Aber letztlich ging sie doch, nachdem Gytha sie dazu gedrängt hatte: „Ich habe nichts, ich bin nicht krank, und du schläfst hier immer so schlecht."

Um neun Uhr am nächsten Morgen ging Gytha nicht ans Telefon. Die Tochter sprang ins Auto, fuhr zu ihrer Mutter und öffnete die Tür mit ihrem eigenen Schlüssel, als diese nicht auf das Klingeln reagierte. Gytha lag mit ihren Kleidern auf dem Bett, unter der Wolldecke, die immer auf dem Sofa lag. Sie war wahrscheinlich gestorben, kurz nachdem die Tochter nach Hause gegangen war.

Es ist nicht ungewöhnlich, dass Menschen, die alt und entkräftet, aber nicht ernsthaft krank sind, kurz vor ihrem Tod noch sprechen. Sie sind vielleicht etwas müder oder schläfrig, weil der *final common pathway unbemerkt* begonnen hat, aber sie nehmen oft keine Medikamente, die sie benommen machen. Ein Viertel der Menschen, bei denen vorauszusehen ist, dass sie bald sterben, sind bis kurz vor dem Tod ansprechbar. Ich denke, mit einer guten palliativen Pflege, die frühzeitig eingeleitet wird, könnten es noch viel mehr sein.

Ich erlebe regelmäßig, dass geschwächte alte Menschen spüren, wenn der Tod näher kommt, und das auch sagen. Oft haben sie recht. Es ist fast ein Symptom bei ihnen. Es ist schade für jemanden wie Gythas Tochter, dass sie und auch ihre Mutter die Anzeichen des Sterbens letztlich abgetan haben, so verständlich das auch ist. Der *final common pathway* hatte eingesetzt, und keinem der beiden war es bewusst.

Deshalb ist es so wichtig, unser Wissen über das Sterben zu erweitern und zu verbreiten. Sterbebegleitung heißt vor allem zu erklären, was passieren kann: *advance care planning* am Sterbebett, Mini-ACP nenne ich das, verdichtet in wenigen Tagen. Es geht nicht um schwierige Dinge, sondern um ein paar physiologische Besonderheiten und die Benommenheit, die auftreten kann. Ich denke, man sollte drei Monate vorher schon damit beginnen und es dann regelmäßig wiederholen. Wissen hilft, das Sterben schön, liebevoll und würdevoll zu gestalten. Von Anfang bis Ende. „Verabschiedet euch heute, und wenn er oder sie morgen noch lebt, verabschiedet ihr euch morgen noch einmal“, sage ich oft zu den Angehörigen.

Die letzte halbe Stunde eines Lebens, dessen Ende man erwartet, gestaltet sich bei beinahe allen gleich: Die Menschen sind dann fast immer ruhig und still, die Lebensenergie ist fast aufgebraucht. Wir, die Ärzte und Pfleger, müssen nichts mehr tun. Wenn die Angehörigen noch nicht da sind, sollten sie dann kommen. Selbst wenn sie gerade kurz weggegangen sind, um sich in der Kantine ein Sandwich zu holen, bitten wir sie zurückzukommen, denn dann geht alles ganz schnell. Ich habe es unzählige Male miterlebt, von der Fensterbank aus, wo ich dann sitze, ohne etwas zu sagen oder zu tun. Oft nehmen Familienmitglieder den Sterbenden in den Arm. Sie sagen liebe Dinge. Das wirkliche Verlassen des Körpers ist ein magischer Moment. Nach dem letzten Atemzug wird es mucksmäuschenstill. Man sieht fast sofort, dass es sich nicht um ein Stocken des Atems handelt. Die Haut verändert sich plötzlich schnell in der Färbung. Man sieht, wie sich die Muskeln entspannen, vor allem im Gesicht, das sichtlich zur Ruhe kommt: Es ist vorbei.

Interventionen

Die vielleicht bekannteste Form der Symptomkontrolle in der Sterbephase ist die Verabreichung von Morphin. Dies kam bereits an mehreren Stellen in diesem Buch zur Sprache, aber ich denke, es ist wichtig, es auch hier zu erwähnen. Nicht nur, weil es sich um eine Intervention im Zusammenhang mit dem Sterben handelt, sondern vor allem, weil die Menschen oft denken, dass die Verabreichung von Morphin dasselbe sei wie eine palliative Sedierung. Das ist ein großes Missverständnis, das manchmal zu Unruhe am Sterbebett führen kann. Wir müssen diese beiden Dinge klar voneinander trennen, denn Morphin sediert nicht wirklich. Es hilft gegen Schmerzen und Spannungsgefühle, ist aber nicht geeignet, um jemanden in einen verminderten Bewusstseinszustand zu versetzen. Im Gegenteil, eine hohe Morphindosis beruhigt die Menschen nicht, sondern verwirrt sie eher und macht sie oft ängstlich, ja sogar paranoid.

Palliative Sedierung

Herman ist ein 62-jähriger Mann, ein selbstständiger, hart arbeitender Sturkopf, der sich nicht gerne etwas vorschreiben lässt. Er war 40 Jahre lang Landwirt. Nachdem er seinen Hof verkauft hatte, begann er mit dem Handel von Emissionsverträgen. Es läuft wie am Schnürchen. Er hat weder eine Partnerin noch Kinder. Herman findet das prima, er ist gerne allein.

Jetzt hat er Lungenkrebs, unter anderem mit Metastasen im Gehirn. Sander sagt ihm, dass er an der Krankheit sterben wird. Um sein Leben um ein paar hoffentlich gute Monate zu verlängern, wird vereinbart, die Metastasen in seinem Kopf zu bestrahlen und die anderen Metastasen mit einer Chemotherapie zu bekämpfen.

Dies erweist sich jedoch als wenig sinnvoll. Herman leidet an einem sogenannten paraneoplastischen Syndrom. Das bedeutet, dass seine eigenen Antikörper die Krebszellen angreifen. Das ist doch gut, sollte man meinen, ein eingebautes Immuntherapiesystem. Leider greifen diese Antikörper auch Hermans Nerven an. In rasantem Tempo fällt ein Nerv nach dem anderen aus. Infolgedessen bekommt er erst eine Gesichtslähmung, anschließend Nervenausfälle im Zwerchfell und zuletzt schwindet seine Kraft sehr schnell. Dann versagt sein peripheres Nervensystem, er zittert und seine kognitiven Fähigkeiten verschlechtern sich rapide, er spricht unzusammenhängend und ist verwirrt. Kurzum, innerhalb weniger Tage verwandelt sich dieser eigenwillige Fels von einem Mann in ein Wrack.

Hermans Zustand verschlechtert sich so schnell, dass Sander ihn auf seiner Station aufnehmen muss. Wie eine verwelkende Pflanze liegt er im Bett. Jedem, der an sein Bett kommt, sagt er, er leide so sehr, dass er es nicht ertragen könne und sich aktive Sterbehilfe wünsche. Sander verspricht, dies in die Wege zu leiten. Einen Tag später, an einem Montag, spricht er wieder mit Herman, um sich zu vergewissern, dass er es so will. In der Nacht hat er weiter abgebaut, soweit das überhaupt noch möglich ist. Er ist kaum zu verstehen und sehr ängstlich. Was ihm widerfährt, ist genau das, was er immer vermeiden wollte: dahinsiechen, von anderen abhängig sein, auf noch Schlimmeres warten. Seine Großeltern, sein Onkel, seine Tante und sein Bruder sind an Demenz gestorben. „Und jetzt erlebe ich genau das, wovor ich immer Angst hatte: dass ich nicht bewusst Abschied nehmen kann. Ich spüre, dass es darauf hinausläuft", sagt er.

Für Sander ist das eine schwierige Situation. Aktive Sterbehilfe, Töten auf Verlangen, ist aufgrund von Verfahrenshürden und dem Zeitplan des SCEN-Arztes[10], der für die Konsultation und Prüfung beim Wunsch nach aktiver Sterbehilfe zuständig ist, nicht vor Freitag möglich. Herman wünscht es sich früher, aber wenn das nicht möglich ist, dann ist es eben so. Sander sieht ihn da liegen und denkt: Ich kann diesen Mann nicht noch vier Tage lang so leiden und darauf warten lassen, dass der Tod ihn erlöst. Ich kann aber jetzt mit der palliativen Sedierung beginnen, wenn er das möchte. Dann schläft er bis zum Ende durch und muss das alles nicht mehr durchmachen.

Sander berät sich mit dem Seelsorger des Krankenhauses und dem Hausarzt. Sie stimmen Sander zu. Herman leidet, das muss jetzt aufhören. Auch Herman drängt darauf. „Geben Sie mir die Injektion so schnell wie möglich", sagt er.

Sander ruft Hermans beste Freunde an, zwei Männer und eine Frau, die sich große Sorgen um ihn machen und immer wieder mit Leckereien vorbeikommen, die sie wieder mit nach Hause nehmen, weil Herman nichts mehr essen kann und will. „Könnten Sie es schaffen, um halb sechs im Krankenhaus zu sein, um sich zu verabschieden? Sie können auch danach noch bleiben, er kann euch noch hören und fühlen, aber er wird dann nicht mehr bei Bewusstsein sein." Herman kann nur weinen, so erleichtert ist er, dass er sterben darf.

Palliative Sedierung ist die Herabsetzung des Bewusstseins bei Patienten, die in der Sterbephase unerträglich leiden. Dazu verabreichen wir ein stark wirksames Schlafmittel, zu Beginn mittels einer Injektion, dann kontinuierlich über eine Infusion, bis der Betroffene stirbt – jedoch nicht am Schlafmittel, sondern an der Krankheit, an der er leidet. Um damit beginnen zu dürfen, müssen die Patienten laut der Leitlinie für palliative Sedierung im Sterben liegen, eine Lebenserwartung von nicht mehr als zwei Wochen haben und an einem refraktären Syndrom leiden, das heißt, an einem Krankheitsbild, das auf keine andere Weise zu bekämpfen ist.

Ärzte ergreifen oft selbst die Initiative zu einer Sedierung, weil sie mit dem Rücken zur Wand stehen. Ihre Patienten kämpfen sich ab, und sie können nichts anderes tun, um ihnen zu helfen. In diesem Stadium erhalten die Betroffenen in der Regel bereits Morphin; eine Erhöhung der Dosis wäre zwar noch möglich, aber sehr viel mehr zu geben, ist nicht sinnvoll. Dass eine hohe Morphindosis das Leiden sogar verschlimmert, muss ich immer wieder am Sterbebett erklären. Viel besser ist es natürlich, die palliative Sedierung und die Wirkung von Morphin frühzeitig zu besprechen. Das sollte Teil der vorausschauenden Versorgungsplanung sein, wenn jemand noch nicht in der Sterbephase ist. Leider findet das viel zu selten statt – aus Zeitmangel und weil ein grundsätzliches Gespräch über den Tod in vielen Sprechzimmern noch immer ein absolutes No-Go ist.

Bis vor Kurzem war in den Niederlanden eine Sedierung während der Sterbephase formal nur bei starken Schmerzen, Atemnot oder anderen somatischen Beschwerden wie beispielsweise einem Delirium erlaubt. Ärzte konnten in Schwierigkeiten geraten, wenn ein leidender Patient diese wesentlichen Punkte nicht erfüllte. Die überarbeitete Leitlinie, die im Sommer 2022 in Kraft getreten ist, setzt dem ein Ende. Sie weitete die Intervention der palliativen Sedierung auf nicht behandelbare existenzielle Leiden aus: Ich leide an meinem Dasein, es gibt keine Perspektive mehr, und ich kann es nicht mehr ertragen; ich bin am Ende, ich will nicht mehr leben.

Das ist eine unverzichtbare Erweiterung, die aber die Anwendung der palliativen Sedierung aus ethischer Sicht verkompliziert, weil das Motiv „Ich bin am Ende, ich kann nicht mehr" subjektiv ist. Das gilt auch für Schmerzen und Atemnot – die Grenzen der Erträglichkeit von Schmerzen liegen bei jedem Menschen anders, dabei spielt auch der Charakter eine Rolle, Atemnot ist mit Angst und anderen psychologischen Faktoren verbunden –, aber somatische Probleme liefern Ärzten doch etwas härtere Argumente, um einen Patienten zu sedieren. Andererseits möchte man in prekären Situationen wie der von Herman einfach sofort handeln können. Das ist man als Arzt einem leidenden Patienten schuldig. Niemand sollte auf diese Weise sterben. Das ist würdelos und grausam.

Nach dem Einsetzen der palliativen Sedierung lassen wir den Patienten ruhig liegen. Es ist eine Zeit des Abschiednehmens. Wir sehen natürlich nach dem Rechten, aber wir unternehmen nichts mehr in Richtung Medikamente oder Nährstoffe. Früher habe ich immer gesagt, dass der Sterbende so tief einschläft, dass er nicht mehr aufwacht. Das tue ich heute nicht mehr. Es kommt regelmäßig vor, dass sedierte Sterbende während des Prozesses doch noch einmal oder sogar mehrmals aufwachen. Das erschreckt die Angehörigen. Sollte er denn nicht im Tiefschlaf bleiben? Wie kann es sein, dass er wieder bei Bewusstsein ist? Was hat er denn? Ist etwas nicht in Ordnung? Heute erkläre ich den Angehörigen, dass wir das Bewusstsein eines Menschen herabsetzen, damit er im Sterbeprozess einen Zustand des Wohlbefindens erreicht. So wird deutlicher, dass jemand doch noch ein wenig „da ist". Das zu wissen, ist für sie ohnehin schön, auch wenn der Sterbende nicht mehr „an die Oberfläche" kommt.

Die palliative Sedierung wird in den Niederlanden täglich Hunderte Male angewendet (32.000 Mal pro Jahr). Wie die aktive Sterbehilfe ist auch die palliative Sedierung irreversibel. Ziel ist es, einen Menschen friedlich und schmerzfrei sterben zu lassen. Palliative Sedierung heißt, zu warten bis der Tiefschlaf – der Zustand der Bewusstseinsverminderung – in den Tod übergeht. Die Hälfte der sedierten Patienten stirbt innerhalb von 24 Stunden, 96 Prozent innerhalb einer Woche. Bei einem kleinen Prozentsatz dauert es ein paar Tage länger.

Manchmal kommt die Frage auf, ob Ärzte während des Prozesses das Schlafmittel absetzen können, sodass ein Sterbender wieder aufwacht. Theoretisch ist das natürlich möglich, ich tue das sehr selten. Für den Sterbenden ist es, meiner Erfahrung nach, nicht angenehm.

Fred ist ein unheilbar kranker, sterbender 73-jähriger Mann. Da seine Arterien seit einiger Zeit nicht mehr richtig funktionieren und daher die Blutzufuhr erlahmt, hat er überall an den Beinen tiefe Wunden, die ihm entsetzliche Schmerzen bereiten. Fred ist in einem so schlechten Zustand, dass Sander nach Rücksprache mit ihm und seinen Kindern beschließt, ihn zu sedieren.

Gleich nachdem er den Tropf angelegt hat, fällt Fred in einen tiefen Dämmerzustand. Seine Atmung beruhigt sich, sein Gesicht entspannt sich, weil er die Schmerzen in seinen Beinen nicht mehr spürt. Das Warten auf den Tod hat begonnen. Nur dass der Tod ausbleibt. Freds Zustand verschlechtert sich nicht weiter. Nach drei Tagen ist er immer noch nicht auf dem final common pathway. Die Familienangehörigen geraten in Panik. Sie haben von Anfang an daran gezweifelt, dass dies der richtige Weg für Freds Sterben ist. Er selbst wollte es allerdings so, und deshalb haben sie sich darauf eingelassen. Jetzt bereuen sie es und denken, dass Fred das auch so sehen würde. Immer wieder sprechen sie Sander an: „Warum tun wir das? Wir müssen damit aufhören. Es ist nicht richtig."

Sander beschließt nach reiflicher Überlegung, ihren Wünschen nachzukommen. Er stellt die Pumpe mit den Schlafmitteln aus. Kurz danach erwacht Fred. Froh und einigermaßen erfrischt – ich habe drei Tage lang geschlafen und jetzt bin ich wieder hier.

Zwei Monate später stirbt er ohne Sedierung, unter anderem aufgrund der Infektionen der tiefen Wunden an seinen absterbenden Beinen. Die Wochen, die er hinzubekam, waren schwer, das Leiden war groß.

Dieser Vorfall ereignete sich vor 15 Jahren, als ich noch viel weniger Erfahrung mit sterbenden Menschen hatte. Was ich mir im Rückblick auf damals vorwerfe, ist mangelnder Mut. Heute würde ich die Pumpe nicht mehr abstellen. Als ich diese Geschichte einmal einer jungen Ärztin als Beispiel dafür erzählte, wie man es nicht machen sollte, sagte sie: „Ja, aber Sander, Fred war doch froh, oder? Vielleicht hat er sich in den letzten zwei Monaten seines Lebens trotz der Schmerzen, die diese schrecklichen Wunden verursachten, noch an etwas erfreut. An einem netten Gespräch mit einem Enkelkind. Oder dass er aus vollem Herzen über seinen Lieblingscomedian lachen konnte, dessen letzte Show irgendwann in diesen acht Wochen im Fernsehen lief, oder, na ja, ich könnte tausend Dinge aufzählen, die die Verlängerung des Lebens und des Leidens doch noch lohnenswert machten." Sie schloss mit der Frage: „Oder bin ich jetzt die Romantikerin?"

Ich hielt das – und halte es noch immer – für eine komplizierte Frage. Was haben diese zwei Monate ihm und seiner Familie gebracht? Ich wage es nicht mit Sicherheit zu sagen, aber ich vermute, vor allem viel Schmerz und Kummer. Am Anfang war er froh, ja, und das verstehe ich. Er hatte von mir gehört, dass die palliative Sedierung irreversibel sei, und siehe da, er lebte noch. Später jedoch wurde es noch härter, als es ohnehin schon war, als wir uns für die palliative Sedierung entschieden hatten. Man sollte nicht vergessen, dass wir eine solche Entscheidung nicht auf die leichte Schulter nehmen.

Für Ärzte kann es schwierig sein, die Bedingung einzuhalten, dass eine palliative Sedierung nur eingeleitet werden sollte, wenn eine geschätzte Lebenserwartung von nicht mehr als zwei Wochen besteht. In vielen Fällen ist das nicht leicht abzuschätzen. Dieser Mann lebte noch zwei Monate, zusätzlich zu den fünf Tagen, die er sediert war. Rückblickend kann man sagen: Er hat die Voraussetzungen überhaupt nicht erfüllt, die Schätzung war falsch.

Ärzte schätzen eine Situation übrigens viel häufiger positiver ein, als sie sich dann tatsächlich erweist. Wie schon erwähnt, tritt der Tod bei palliativer Sedierung in der Regel lange vor Ablauf der zwei Wochen ein. Das ist bei der Behandlung von Krebs ebenfalls der Fall. Wenn Ärzte sagen: „Die Prognose ist so oder so", dann entspricht ihre Einschätzung oft einem günstigen Verlauf. Uns sitzt natürlich auch jemand gegenüber, für den der Verlauf gar nicht gut genug sein kann. Auch wegen dieses dynamischen Wechselspiels zwischen Hoffnung und Furcht liegen wir oft falsch. Es ist nicht leicht, es in einer solchen Situation richtig zu machen: Wenn wir die Zeitspanne zu hoch ansetzen, wird man uns das ankreiden, und wenn wir sie zu niedrig ansetzen, ebenfalls.

Intermittierende Sedierung

Für Patienten, die dem Ende entgegengehen und schwer leiden, aber noch nicht im Sterben liegen, kann eine kurze intermittierende Sedierung ein Geschenk des Himmels sein. Menschen, die schlecht schlafen und sehr erschöpft sind, ist auf diese Weise beispielsweise eine gute Nacht vergönnt. Die Pumpe, die das Schlafmittel enthält, wird dann abends eingeschaltet und morgens wieder ausgeschaltet. Länger als ein paar Stunden sollte die Sedierung aber nicht andauern.

Akute palliative Sedierung

Bei Marga, einer 61-jährigen Frau, ist ein lebensbedrohliches Aneurysma festgestellt worden. Die Körperarterie in ihrem Brustkorb ist so erweitert, dass sie auf ihre Speiseröhre drückt. Als es so schlimm wird, dass sie kaum noch schlucken kann, lässt der Hausarzt sie in Absprache mit Sander ins Krankenhaus einweisen. Sie ist noch keinen halben Tag dort, als man Sander in seinem Sprechzimmer anruft und bittet, dringend auf die Station zu kommen, weil mit Marga alles schiefläuft. Sie hustet Blut.

Zusammen mit einem Praktikanten rennt er die Treppe hinauf. In dem Vier-Personen-Zimmer, in dem Marga zwischen drei Lungenpatienten liegt, finden sie eine albtraumhafte Szenerie vor: Marga sitzt aufrecht im Bett. Sie hustet kein Blut mehr – das Blut sprudelt in Wellen aus ihrem Mund. Die Arterie muss gerissen sein, was massive Blutungen zur Folge hat. Marga ist nicht mehr zu retten.

Mit angstvoll geweiteten Augen sieht sie Sander an. Sie kann nicht sprechen, aber alles an ihr schreit: Hilf mir. Sander denkt: Ich muss eine Akutsedierung vornehmen, das können wir ihr nicht zumuten. Mit wenigen Worten verkündet er laut, was er tun wird, dreht sich um und rennt so schnell er kann in den Medikamentenraum, wo in einem verschlossenen Schrank das starke Schlafmittel liegt, das Margas traumatisches Leiden beenden kann. Zu spät bemerkt Sander, dass die Oberschwester, die bei Marga ist, den Schlüssel für den Schrank in ihrer Tasche hat. Er rennt zurück, um ihn zu holen. Im Zimmer findet er die Oberschwester und den Praktikanten auf beiden Seiten von Margas Bett. Sie sind von Kopf bis Fuß mit Blut bedeckt und halten beide Margas Hände. Die Blutung hat aufgehört, sie ist fast tot. „Schlafe sanft", hört Sander den Praktikanten sagen.

Was dieser junge Praktikant und die Krankenschwester getan haben, war fantastisch. Protokolle im Gesundheitswesen müssen sein und es gibt darunter auch sinnvolle. Als Arzt oder Pflegekraft muss man sie kennen, aber bei einem Fall wie diesem ist etwas anderes viel wichtiger: bei der Patientin zu bleiben und sie im Sterben zu begleiten.

Glücklicherweise sind solche akuten massiven Blutungen und auch akutes Ersticken in einem Sterbeprozess ziemlich selten. Wenn ich mit Patienten im Rahmen von Gesprächen über vorausschauende Versorgungsplanung überhaupt darüber spreche, dann um zu betonen, dass sie sich darüber keine Sorgen machen sollten, weil es sich um extrem seltene Fälle, um Ausnahmen handelt.

Passiert so etwas doch, gestatten die Richtlinien den Ärzten, den akuten Todeskampf mit einer akuten palliativen Sedierung ebenso plötzlich zu beenden: Sie geben eine einzelne hohe Dormicum-Dosis, woraufhin die Person sofort bewusstlos wird. Der Tod tritt dann innerhalb von etwa einer halben Stunde ein. Ich habe das in meinen Jahren als Arzt nur wenige Male erleben müssen, aber jeder Fall steht mir noch klar vor Augen.

Aktive Sterbehilfe[11]

In mancher Hinsicht ist die aktive Sterbehilfe, das Töten auf Verlangen des Patienten, übersichtlicher als die palliative Sedierung: Zwei Ärzte stellen fest, dass das Leiden einer einwilligungsfähigen Person aussichtslos und unerträglich ist, und dann folgt eine konkrete Verabredung zum Tod, mit Tag und Uhrzeit. Bei aktiver Sterbehilfe gibt es kein zeitliches Kriterium, im Unterschied zu den geschätzten zwei Wochen Restlebenszeit bei der palliativen Sedierung. Wenn die Voraussetzungen des Gesetzes zur aktiven Sterbehilfe erfüllt sind, ist sie erlaubt, auch wenn sich jemand nicht in einer akut lebensbedrohlichen Situation befindet.

Benjamin ist ein gläubiger 74-jähriger Mann, der vor Kurzem seine Frau verloren hat. Sie war von dem Tag an, an dem er sie mit 19 Jahren kennenlernte, bis zu ihrem letzten Tag seine große Liebe. Nach ihrem Tod hält er sich gut. Er trifft sich mit seinen Kindern und Freunden, tut Dinge, die ihm Spaß machen, kocht lecker für sich selbst, aber er ist entschieden in seiner Überzeugung, dass das Leben ohne seine Frau jegliche Farbe verloren hat. Das tut der Liebe, die er von anderen bekommt, keinen Abbruch, doch es liegt ihm einfach nichts mehr daran.

Als ihm Sander mitteilt, dass er leider einen großen bösartigen Tumor im linken Lungenflügel hat und der Krebs gestreut hat, ist er tatsächlich erleichtert. „Doktor, dieser Tumor ist eine Befreiung für mich“, sagt er. „Ich möchte die Sache auch nicht hinauszögern. Wann wird es so weit sein?“

„Hoho", sagt Sander. „Es wird noch eine Weile dauern, bis Sie wirklich todkrank sind."

Benjamin nickt. Okay, dann ist es wohl so. Anschließend fragt er: „Ich werde dann natürlich starke Schmerzen haben, gegen die ihr mir Morphin geben werdet. Kann die Pumpe dann so schnell hochgefahren werden, wie es erlaubt ist, um das Ende zu beschleunigen?"

„So funktioniert das nicht", erklärt ihm Sander. „Wir geben keine hohe Dosen Morphin mehr, denn das führt meist zu einem elenden Tod, bei dem der Betroffene völlig aus der Spur gerät. Vielleicht ist aktive Sterbehilfe eine Möglichkeit?"

Das will Benjamin nicht. Das kommt für ihn überhaupt nicht infrage. Nicht, weil Gott es nicht erlauben würde – Gott erlaube es wohl, sagt er –, aber es fühlt sich für ihn nicht wie der richtige Weg an, so sehr er sich auch nach dem Ende sehnt.

„Gut", sagt Sander, der darüber sehr erstaunt ist. „Dann lassen Sie uns über die nächsten Monate sprechen. Und wie wir später Ihre Schmerzen und Ihre Atemnot bekämpfen können. Ich würde auch gerne hören, wie ein guter Tag für Sie aussieht, jetzt und später, wenn Sie schwächer sein und stärker unter der Krankheit leiden werden. Wenn Sie mich das nächste Mal besuchen, können wir vielleicht darüber sprechen, wie Sie sich Ihr Sterben vorstellen. Wo soll das stattfinden, wer soll dabei sein? Wenn es so weit ist, können wir eine palliative Sedierung durchführen. Dann gleiten Sie wahrscheinlich nach ein paar Tagen hinüber." Benjamin nickt. „Gut, dann werde ich wieder bei meiner Frau sein. Nicht im Himmel, denn daran glaube ich nicht, aber symbolisch gesprochen. Dieser Gedanke ist jetzt schon so tröstlich. Damit gehe ich fröhlich nach Hause."

Jedes Detail wird bei aktiver Sterbehilfe lange im Voraus ausführlich besprochen, sagt Joyce de Bruin vom *Expertisecentrum Euthanasie* (Kompetenzzentrum für aktive Sterbehilfe), mit der ich mich gelegentlich über Palliativversorgung, zu der auch die aktive Sterbehilfe gehört, austausche. Bei der Sedierung in der Sterbephase ist das oft anders. Wenn man sie in Erwägung zieht, ist der Grund meist, dass es im Sterbeprozess einen Ansturm von Schwierigkeiten gibt, die man sofort ungeschehen machen möchte. Es ist dann nur noch sehr selten Zeit für aktive Sterbehilfe, weil dabei eben einige Abläufe und Einverständnisse vorgeschrieben sind. Dessen sind sich die Betroffenen nicht immer bewusst – und die Angehörigen ebenfalls nicht. Manchmal beginnen sie erst, wenn der Sturm schon tobt, mit mir über eine früher verfasste Erklärung zur aktiven Sterbehilfe zu sprechen. Dann muss ich ihnen erklären, dass ihr geliebter Mensch dafür nun viel zu krank ist, dass dieser Weg nicht mehr gangbar ist.

Man kann das auch als Vorteil sehen, denke ich: Um eine palliative Sedierung zu erhalten, müssen die Betroffenen nicht die langwierige Prozedur durchlaufen, die für aktive Sterbehilfe notwendig ist. Und die Angehörigen können bei ihnen wachen. Nachdem ein Patient das angesprochen hatte, diskutierte ich kürzlich mit Joyce darüber, dass Menschen die palliative Sedierung vorziehen, weil sie nicht so plötzlich das Leben beendet wie die aktive Sterbehilfe, bei der man innerhalb von ein paar Minuten stirbt. Ich finde das wegen meines persönlichen Blicks auf die aktive Sterbehilfe ein unglaublich schwieriges Thema.

Ich werde nur selten um aktive Sterbehilfe gebeten, weil das meistens in erster Linie der Hausarzt übernimmt. Ich spreche allerdings regelmäßig mit Hausärzten darüber, die sie häufig durchführen. Sie machen so gut wie nie die Erfahrung, dass Patienten Probleme mit dem etwas geschäftsmäßig anmutenden, festgesetzten Zeitpunkt haben. Sie betrachten es meistens eher als einen Moment der Autonomie in einem langen Leidensprozess, in dem die Krankheit immer das Heft in der Hand hatte: „Jetzt kann ich zurückschlagen, indem ich selbst entscheide, wann ich sterbe."

Joyce hat die Erfahrung gemacht, dass es – unabhängig von der individuellen Geschichte jedes Einzelnen – eine besondere Art von Mensch ist, der eine solche konkrete Verabredung mit dem Tod verkraften kann. Ihr fällt auf, dass es oft – nicht immer natürlich – Menschen sind, die sehr auf Autonomie bedacht sind und große Schwierigkeiten mit Abhängigkeit von anderen haben. Das Gleichgewicht zwischen Tatkraft und Traglast, zwischen dem, was sie selbst bewirken können, und dem, was sie hinnehmen müssen, ist gestört, und damit können und wollen sie nicht länger leben. Joyce sieht, dass die Zahl der Anträge auf aktive Sterbehilfe zunimmt. Das ist eine gesellschaftliche Entwicklung, die sich aus dem Machbarkeitsdenken erklären lässt, an das sich viele Menschen klammern, sowie aus der Individualisierung – Autonomie ist alles – und natürlich aus der Überalterung der Bevölkerung.

Ich verstehe sehr gut, dass sich jemand für aktive Sterbehilfe entscheidet, aber ich persönlich halte es für unvorstellbar, im Voraus ganz sicher zu wissen, dass ich in 9 Stunden und 35 Minuten tot sein werde. Was tut man dann in diesen 9 Stunden und 35 Minuten? Und was tut man nicht? Was sagt man? Was sagt man bewusst nicht? Vielleicht würde ich das anders sehen, wenn ich unheilbar krank wäre, starke Schmerzen und nur wenige gute Momente, geschweige denn Tage hätte, aber ich denke momentan, dass ich es nicht tun könnte. Damit komme ich zur Krux der aktiven Sterbehilfe: Wir können kaum oder gar nicht nachempfinden, was Menschen bewegt, die sich dafür entscheiden. Wir spüren nicht ihren Schmerz, ihre Angst, ihre Verlassenheit oder die tiefe Sinnlosigkeit, die sie empfinden. Die Einsamkeit, die ein Leben mit einer Rückenmarksverletzung mit sich bringt, die Atemnot eines Menschen mit schwerer COPD, der unerträgliche Schmerz von Knochenmetastasen – man kann mitfühlen, aber nicht nachempfinden, wie das ist.

Hidde, ein Mann in den 70ern, war an Parkinson erkrankt und lebte mit anderen an fortgeschrittener Demenz Erkrankten in der psychogeriatrischen Abteilung eines Pflegeheims in Friesland. Hidde selbst hatte nur leichte kognitive Probleme, die auf ein Delirium infolge einer Blasenentzündung zurückgingen. Manchmal wusste er nicht, welches Datum es war, aber er war noch in der Lage, klare Entscheidungen über sein Leben und seinen Tod zu treffen.

Hidde gehörte eigentlich nicht in dieses Heim. Er war mehr oder weniger aus der Not heraus dort gelandet. 2017 erkrankte er an Parkinson. Seine Frau starb im selben Jahr an Krebs. Er konnte noch gut zu Hause leben und sich selbst versorgen. Als Inhaber eines florierenden Naturkostladens hatte er 30 Jahre lang sehr bewusst gelebt und auf seine Ernährung geachtet. Außerdem war er Unternehmer durch und durch: Unabhängigkeit und Selbstständigkeit waren für ihn wichtige Werte.

Als er im Jahr 2021 stürzte und sich die Hüfte brach, begann er all das zu verlieren. Er kam in eine Rehamaßnahme, brach sich aber in dieser Zeit erneut die Hüfte. Danach war er nicht mehr in der Lage, richtig zu stehen oder sich ohne die Hilfe eines Trippelrollstuhls fortzubewegen. Für die Nahestehenden aus seinem familiären Umkreis, darunter seine Schwester, die selbst schon älter war, wurde die Pflege zu schwer. Es war schwierig, ein geeignetes Pflegeheim zu finden, nirgends gab es einen Platz. Deshalb landete er in der psychogeriatrischen Abteilung. Mit seinen Mitbewohnern konnte er nichts anfangen, weil sie nicht mehr in der Lage waren, sich verständlich zu unterhalten. Das machte Hidde, der ein sehr geselliger und freundlicher Mann war, sehr traurig. Natürlich besuchten ihn seine Geschwister und seine drei Kinder so oft sie konnten, aber er war trotzdem oft allein in seinem kleinen Zimmer von drei auf drei Metern.

Hidde beschloss, dass es nun genug war. Er litt, und es gab keine Aussicht auf Besserung. Er besprach seine Situation auch mit einem Psychologen und einem Seelsorger.

Die Geriaterin des Pflegeheims hatte Schwierigkeiten mit seiner Bitte um aktive Sterbehilfe. Für sie war das schwer nachvollziehbar, weil Hidde, vor allem im Vergleich zu den anderen Heimbewohnern, noch bei klarem Verstand war. Außerdem habe sie wenig Zeit und Energie, um sich in ihn hineinzuversetzen, wie sie selbst sagte. Nach zwei Burnouts musste sie auf sich selbst achtgeben. So kam es, dass sich das Kompetenzzentrum für aktive Sterbehilfe mit seinem Fall befasste. Die Mitarbeiter dieses Zentrums führten lange Gespräche mit Hidde, seiner Schwester und seinen Kindern darüber, was für ein Mensch er war, was ihn antrieb und faszinierte, warum Unabhängigkeit und Selbstständigkeit für seine Lebensqualität so wichtig waren. Danach bestand bei niemandem mehr Zweifel daran, dass Hiddes Wunsch zu sterben nachvollziehbar war.

Eine Woche später war es dann so weit. Alle nahen Verwandten kamen zum festgelegten Sterbezeitpunkt ins Pflegeheim und standen in dem kleinen Raum dicht um ihn herum. Hidde musste ein wenig weinen, aber er war sich seiner Sache sicher. „Ich bin stolz auf euch und ich liebe euch", sagte er zuletzt, bevor ihm das Narkosemittel gespritzt wurde und er fast sofort in einen tiefen Schlaf fiel. Wenige Minuten später war er tot. Seine Familie blieb noch eine Weile im Zimmer. Sie tranken Kaffee, aßen friesische Anisplätzchen und erzählten sich gegenseitig Geschichten von Hidde.

Bewusster Verzicht auf Essen und Trinken

In den letzten Jahren sind Ärzte immer häufiger mit Patienten konfrontiert, die bewusst auf Essen und Trinken verzichten, um das Ende ihres Lebens zu beschleunigen. Diese Entscheidung kann jeder für sich selbst treffen. Und sie ist vergleichbar mit dem Verzicht auf weitere (medikamentöse) Behandlung, wodurch der Patient an seiner Krankheit stirbt. Ein solcher Behandlungsverzicht wird nicht als Selbsttötung betrachtet, sondern als Ausübung des Selbstbestimmungsrechts, genauer gesagt des Rechts, eine Behandlung abzulehnen. Die Entscheidung des Patienten, nicht mehr zu essen und zu trinken, steht in den Niederlanden ziemlich oft in Verbindung mit einer abgelehnten Bitte um aktive Sterbehilfe. Im Gespräch befasst man sich als Arzt mit den Überlegungen, die zur Ablehnung dieser Bitte geführt hatten. Es ist wichtig, den Patienten darüber zu informieren, dass man für den bewussten Verzicht auf Essen und Trinken, der das Ende des Lebens schneller herbeiführen soll, Durchhaltevermögen braucht. Es erfordert eine kontinuierliche Anstrengung des Patienten, mit der er immer wieder seine Entscheidung, sterben zu wollen, bekräftigt.

Natürlich müssen Menschen, die bewusst auf Essen und Trinken verzichten, eine gute medizinische und pflegerische Palliativversorgung erhalten. Wenn ein Arzt aus Gewissensgründen Einwände hat, kann er die Behandlung an einen Kollegen übertragen. Die palliative Versorgung dieser Patienten unterscheidet sich nicht wesentlich von der anderer Patienten in der Sterbephase: Oft ist eine Symptomkontrolle mit Morphin erforderlich, und nicht selten ergibt sich eine Indikation für eine palliative Sedierung.

Gerard ist 85 Jahre alt und wurde mit einer schweren Lungenentzündung in die Pneumologie des Krankenhauses eingeliefert. Im Lauf des letzten Jahres verschlechterte sich sein Gesundheitszustand rapide, hauptsächlich aufgrund einer Herzinsuffizienz nach einem Herzinfarkt. Er selbst sagt, er habe ein „gebrochenes Herz", weil das alles in den Wochen nach dem Tod seiner Frau Bea auftrat, mit der er auf den Tag genau 67 Jahre lang zusammen war. Wenn er von ihr spricht, schießen ihm sofort die Tränen in die Augen. Bei der Aufnahme ins Krankenhaus wurde besprochen, welche Behandlung Gerard möchte, denn es gab bereits Zweifel daran, dass er überhaupt ins Krankenhaus wollte. Die Ärzte auf der Station versuchen, seine Symptome mit Antibiotika zu lindern. Als die Kurzatmigkeit in der zweiten Woche seines Krankenhausaufenthalts anhält, bittet er um ein Gespräch mit Sander, der ihm gerade sagen wollte, dass die Entzündungswerte im Blut endlich etwas niedriger sind. Aber Gerard will nicht mehr. Die Tage auf der Pflegestation haben ihn zu der Erkenntnis gebracht, dass seine Lebensqualität in den letzten Monaten sehr schlecht war. Als Sander ihm erklärt, dass ein Abbruch der Behandlung zum jetzigen Zeitpunkt wahrscheinlich nicht zum Tod führen wird, sagt Gerard, dass er dann bewusst auf Essen und Trinken verzichten wolle. Sein Wunsch wird respektiert, er wird in ein Hospiz verlegt, wo er nach einer kurzen Phase der Verschlechterung drei Tage später stirbt. Eine Woche später bekommt Sander eine Karte von Gerards Tochter, in der sie schreibt, dass Gerard jetzt wieder bei seiner Bea ist.

6. Die Dorfstraße und die Kirchstraße
Trauerexperte Manu Keirse über Trauer, die mit der Diagnose und nicht erst nach dem Tod beginnt

Ans und Gregory waren seit ihrer Einschulung am Gymnasium ineinander verliebt. Etwa zwei Jahre später fingen sie an, sich zu verabreden. „Ach, niedlich", sagten alle, „eine erste Schwärmerei!" Aber Ans und Gregory wussten: Das ist für immer. Nach ihrer Schulzeit studierten sie in derselben Stadt, fingen an zu arbeiten, heirateten und kauften ein Haus. Zwölf Jahre, nachdem sie ihn gefragt hatte, ob er ihr fester Freund sein wolle und dazu eine Freundin vorgeschickt hatte, bekamen sie eine Tochter: Lucy. Als Einzelkind wuchs sie wohlbehütet und glücklich auf. Kurzum, Ans, Gregory und Lucy hatten ein schönes Leben.

Ein paar Jahre nach ihrer Pensionierung erkrankt Ans an metastasierendem Lungenkrebs. Sie unterzieht sich einer lebensverlängernden Chemotherapie, die ihr zwar für eine Weile, aber nicht sehr lange Linderung verschafft. Ihr Zustand verschlechtert sich weiterhin. Lucy bringt Ans normalerweise im Auto ihrer Eltern zu den Behandlungen und Kontrollen ins Krankenhaus. Gregory ist auch immer dabei, aber er sitzt lieber neben Ans auf dem Rücksitz, als selbst zu fahren. Lucy nimmt jedes Mal denselben Weg vom Haus ihrer Eltern zum Krankenhaus und zurück.

An dem Tag, an dem – wie sich später herausstellt – Ans' letzter Termin im Krankenhaus sein wird, nimmt Lucy, die den Weg eigentlich im Schlaf kennt, eine falsche Abzweigung und kurz darauf eine weitere. Um wieder auf den richtigen Weg zu gelangen, kurvt sie aufs Geratewohl herum. Sie biegt in eine Straße ein und will ihren Eltern gerade sagen, dass sie anhalten wird, um auf Google Maps nachzuschauen, als beide plötzlich gleichzeitig sagen: „Halt doch mal an." Und dann stellt sich heraus, dass sie zufällig in der Straße gelandet sind, in der sich Gregory und Ans 60 Jahre zuvor zum ersten Mal gesehen haben. Lucy parkt am Straßenrand in der Nähe einer Bank. Sie steigt aus, gemeinsam mit Gregory hilft sie Ans aus dem Auto, und die drei setzen sich nebeneinander auf die Bank.

Das Wetter ist mild. Hand in Hand lauschen sie den Vögeln und beobachten spielende Kinder auf dem Bürgersteig. Nach einer Weile sagt Ans: „Es tut mir so gut, dass wir durch einen dummen Zufall eine Weile hier zusammensitzen und trauern – euretwegen, weil ich euch verlasse, und meinetwegen, weil ich euch und mich selbst verlasse."

Drei Wochen später stirbt Ans nach sechs Tagen palliativer Sedierung zu Hause, mit Gregory und Lucy zu beiden Seiten ihres Bettes.

Trauer und Trauerarbeit beginnen in dem Moment, in dem ein Mensch erfährt, dass er unheilbar krank ist und sterben wird, und nicht erst nach dem Abschied im Krematorium oder auf dem Friedhof. Es ist wichtig, sich dies bewusst zu machen, sowohl für den Verlauf des Krankheits- und Sterbeprozesses als auch für den Patienten und die Angehörigen. Hat der Sterbeprozess einen schlechten Verlauf genommen, führt das bei den Hinterbliebenen oftmals zu einer belastenden Trauerproblematik. Hat ein Patient unnötig gelitten und kam es zu Verwirrung, Unklarheit und Uneinigkeit, tragen Hinterbliebene diese Probleme häufig jahrelang mit sich herum.

Vieles lässt sich aber durch einen guten palliativen Prozess, der rechtzeitig begonnen wird, vermeiden. Das fördert den Seelenfrieden des Patienten ebenso wie der Angehörigen. Zwischen beiden besteht natürlich eine Wechselwirkung: Ein unruhiger Sterbender beunruhigt Angehörige, und unruhige Angehörige machen den Sterbenden unruhig oder noch unruhiger.

Ich beobachte die Ansätze zu solchen Problemen fast täglich. Gestern nahm ich eine 81-jährige Frau im Krankenhaus auf. Sie war gestürzt und hatte acht Rippenfrakturen. Auf den Scans sahen wir deutlich, wie mitgenommen das Skelett ihres Brustkorbs war, und sie war auch insgesamt in einem sehr schlechten Gesundheitszustand. Ich ging davon aus, dass sie innerhalb weniger Tage sterben würde. Als ich ihr das sagte, blieb sie ganz ruhig. „Das mit dem Sturz ist bedauerlich", sagte sie, „denn es tut weh, aber um mein Ende mache ich mir keine Sorgen."

Mit dieser Gemütsruhe war es allerdings vorbei, als ihre Töchter auftauchten. Sie waren wütend und in Panik. Sie wollten alles Mögliche: weitere Scans, eine Verlegung auf die Intensivstation, eine zweite Meinung. Währenddessen befand sich die Frau bereits auf dem *final common pathway*. Das lief nicht so, wie ich es mir vorgestellt hatte. Ihre Sorglosigkeit, was ihr Ende anging, war nun einer terminalen Unruhe gewichen. Sie bewegte sich viel, zog Grimassen, war kurzatmig. Letzteres geht in dieser Phase und eigentlich fast immer bei einem schweren Krankheitsverlauf mit Angstgefühlen einher. Wer ängstlich ist, wird oft kurzatmig, wer schlecht Luft bekommt, wird ängstlich oder noch ängstlicher. Bei Menschen mit terminaler Unruhe ist auch die palliative Sedierung oft schwieriger zu regulieren. Es ist sehr erschütternd, jemanden so zu sehen.

Die Töchter liefen unaufhörlich unruhig im Zimmer herum. Abwechselnd stürmen sie auf den Gang, um Hilfe zu holen. „Sehen Sie nur, wie Mama da liegt“, riefen sie immer wieder verzweifelt, „das hätte sie so nicht gewollt.“ Als ich zur Visite auf die Station kam, setzte ich mich erst einmal mit ihnen zusammen. Ich erklärte ihnen, wie der *final common pathway* verläuft, dass ich am Tag zuvor ein nettes Gespräch mit ihrer Mutter über das Sterben geführt hatte, und ich erwähnte, wie schön es wäre, wenn der Abschied und das Sterbebett nicht mehr von Panik überschattet würden. Ich schloss mit dem, was ich oft in solchen stressigen Sterbesituationen sage: „Gehen Sie zurück in ihr Zimmer und halten Sie ihre Hand. Sie wird Sie noch hören und spüren können. Lassen Sie diese letz ten Stunden des Abschieds nicht einfach vorbeiziehen.“ Dann bat ich die Palliativschwester, mit ihnen in das Zimmer ihrer Mutter zu gehen. Ich hoffte, dass es dort nun ruhiger zugehen würde.

Zum Glück erlebe ich auch oft das Gegenteil. Nachdem ich die Frau mit den acht gebrochenen Rippen aufgenommen hatte, kam ein Mann mit metastasierendem Lungenkrebs in die Ambulanz. Er hatte gerade seine letzte lebensverlängernde Behandlung abgeschlossen und war, wie er es ausdrückte, völlig fertig damit. Fertig mit den Behandlungen, der Übelkeit, der Müdigkeit, den Hautproblemen, den ständigen Schwierigkeiten mit seinem Darm und auch mit dem nervigen Parkplatz unseres Krankenhauses. „Doktor“, sagte er, „ich hoffe, ich wache morgen tot auf.“ Darüber mussten wir alle wider Willen ein wenig schmunzeln: er, seine Frau, seine Tochter und ich – die Frauen unter Tränen. Ich holte uns Kaffee, und dann sprachen wir eine Weile darüber, was nun bevorstand. Ich erwartete, dass er ein gutes Sterbebett haben würde, mit allem nötigen Raum fürs Abschiednehmen und mit Offenheit für die Trauer, die schon begonnen hatte.

Für das Buch spreche ich über dieses Thema mit Manu Keirse, einem bekannten flämischen klinischen Psychologen und emeritierten Professor für die Verarbeitung von Verlust, der zudem mehrere Bestseller über Trauer und Verlust geschrieben hat. Manu und ich kennen uns gut; wir sehen uns regelmäßig.

Zuallererst frage ich ihn einfach, was Trauer ist. Manu antwortet: „Das emotionale, körperliche und intellektuelle Erleben von Menschen, die mit einer einschneidenden Verlusterfahrung konfrontiert werden. Das klingt naheliegend, aber es geht weit über das Sterben selbst und die Phase nach dem Tod eines Menschen hinaus. Trauer ist das, was Menschen bei jeder Art von Verlust erleben. Es kann das Ende einer Liebesbeziehung sein oder der Verlust eines Arbeitsplatzes, den man mochte, auch ein Umzug löst bei fast allen Menschen Trauer aus. Aber wir beschränken uns hier auf den Verlust der Gesundheit, der das Sterben zur Folge hat."

Schon mit der Diagnose beginnt ein Trauerprozess, der mit darüber entscheidet, wie man mit der schweren Krankheit umgeht, erklärt er. „Dieser Trauerprozess läuft auf verschiedenen Ebenen ab. Die Person, die mit der Diagnose konfrontiert wird, verliert ihre Gesundheit. Familienangehörige, Partner und Freunde verlieren möglicherweise das gemeinsame Leben mit dieser Person, wodurch sich die Rollen ändern und die gewohnten Beziehungsmuster beeinträchtigt werden können. Und dann gibt es noch den Arzt, der eigentlich hofft, den Patienten heilen zu können – deshalb hat er sich für diesen Beruf entschieden –, der aber aufgrund der schlimmen Diagnose mitansehen muss, wie sich der Zustand des Patienten verschlechtert und dieser schließlich stirbt."

Ich glaube nicht, dass viele Ärzte dies bei sich selbst als Trauer betrachten.

„Und dennoch spielt das eine Rolle, wenn Ärzte verbissen immer weiter behandeln. Sie haben Probleme mit der Aussicht, dass ihr Patient es nicht schaffen wird, und sie wissen nicht recht, wie sie über diese Aussicht sprechen sollen. Ihr eigener Kummer bestimmt ihre Reaktion anderen gegenüber – den Patienten, den Angehörigen und dem sonstigen medizinischen Personal. Wenn Ärzte sich nicht gut damit auskennen, wie sich Trauer auf Menschen auswirkt – und in der Regel kennen sie sich schlecht damit aus –, kommt es zu seltsamen Reaktionen: Enttäuschung, Ungeduld und sogar Wut sind keine Seltenheit. Ich höre regelmäßig davon, dass sich Ärzte über Patienten ärgern, weil diese sich nicht strikt an den Behandlungsplan halten, oder ungeduldig werden, wenn der Patient technische Details nicht auf Anhieb versteht. All diese Äußerungen entspringen der Verzweiflung des Arztes darüber, dass er dem Patienten nicht helfen kann."

Wird den Ärzten denn nicht oft vorgeworfen, dass sie sich emotional nicht genug engagieren? Dass sie zu viel Distanz halten?

„Früher wurde den Ärzten im Allgemeinen beigebracht, eine gewisse Distanz zu wahren, denn wenn man emotional zu sehr involviert war, stand das einer rationalen Überwachung des Prozesses im Weg; ohne Distanz keine gute medizinische Behandlung, also mussten Emotionen verdrängt oder verleugnet werden. Meine Botschaft war immer: Wie kann man seine Patienten gut behandeln, wenn man emotional nicht mit ihnen verbunden ist? Damit meine ich natürlich nicht, dass Ärzte schlaflose Nächte haben und sich Sorgen um ihre Patienten machen sollen. Es geht darum, Emotionen zu erkennen und mit ihnen umgehen zu lernen.

Deine Frage erinnert mich an eine in medizinischer Hinsicht begnadete pädiatrische Onkologin hier in Belgien. Wurde ein neues Kind bei ihr angemeldet, untersuchte sie zunächst in aller Gründlichkeit das Krankheitsbild. Dann setzte sie ein Treffen mit den Eltern an, für das sie sich eine Stunde ungestörte Zeit nahm, um ihnen genau zu erklären, was los war: von den Symptomen und der Diagnose bis hin zu den Behandlungen und der möglichen Prognose. Manchmal musste sie den Eltern sagen: ‚Wir werden unser Möglichstes tun, aber an dieser Krankheit wird Ihr Kind sterben.' Sie beendete solche Gespräche immer mit den Worten: ‚Jetzt möchte ich Ihnen noch *einen* Rat geben. Es wird nichts helfen, traurig zu sein und zu weinen. Damit werden Sie die letzten Lebensmonate Ihres Kindes nur noch schwerer machen. Tun Sie jetzt weiter so, als ob nichts wäre, damit werden Sie Ihrem Kind am meisten helfen. Und schlagen Sie meinen Rat nicht in den Wind.'

Drei Tage, nachdem sie den Eltern eines Kindes, das nicht mehr gesund werden würde, diesen Rat gegeben hatte, sah sie die Mutter mit einem Taschentuch vor den Augen in einer Ecke des Gangs stehen. Kopfschüttelnd und in empörtem Tonfall sagte sie zu ihrer Assistentin: ‚Schau nur, schon wieder unvernünftige Eltern!'"

Das Ergebnis einer reinen und extrem kognitiven Fixiertheit auf das medizinische Fachgebiet.

„Genau das ist es, Sander. Lieve Swinnen, eine Kinderpsychiaterin im selben Krankenhaus, die, gelinde gesagt, einen anderen Ansatz vertrat, schrieb in ihrem Buch *Onze Stierenvechter (Unser Stierkämpfer)* über diese kinderonkologische Station: ‚Hier wird erst dann Platz für Emotionen und Menschlichkeit sein, wenn Professor Doktor X in Rente gegangen ist.'

Ich erzähle das, weil in jeder Abteilung einer Einrichtung, in der kranke Menschen versorgt werden und Hilfe erhalten, Platz für emotionale Verbundenheit sein sollte. Wenn man als Arzt seine Gefühle gut kennt, kann man die richtigen rationalen Entscheidungen im richtigen emotionalen Kontext treffen. Dann kommt auch die eigene Botschaft besser an, was wiederum für den Prozess der Verlustverarbeitung und der Trauer sehr wichtig ist.

Auch ein Arzt kann von der Trauer der Menschen sichtlich bewegt sein oder berührt werden. Ich habe einmal Eltern, die ihren 17-jährigen Sohn durch einen Hirntumor verloren hatten, gefragt: ‚Was hat Ihnen in der leidvollen Zeit, als Ihr Kind krank war und starb, am meisten geholfen?' Sie sagten: ‚Am Ende des Tages, als er starb, saßen wir bei unserem Sohn in der Leichenhalle des Krankenhauses. Plötzlich kam jemand herein. Es war die Ärztin, die ihm in der letzten Phase seiner Krankheit beigestanden hatte. Sie hatte eine weiße Rose dabei. Und zwei Tränen in ihren Augen. In all den Jahren, in denen wir mit ihm im Krankenhaus ein und aus gehen mussten, hat uns das am meisten berührt und gefreut.' Eine weiße Rose und zwei Tränen der Ärztin, der sie wahrscheinlich nie mehr begegnen würden. Dennoch war es etwas, was diesen Menschen weitergeholfen hat. Es trug zu ihrer Trauer bei."

Wie beeinflusst die Trauer des Arztes die letzte Lebensphase des Patienten?

„Sehr stark. Kürzlich habe ich in der medizinischen Fachzeitschrift *Medisch Contact* einen Bericht über eine Umfrage unter niederländischen Ärzten gelesen. 72 Prozent von ihnen fanden, dass man in den Niederlanden sinnlose Behandlungen viel zu lange fortsetzt. Warum tun die Ärzte das? Um Geld zu verdienen, sagt man dann oft. Ich glaube das nicht. Sie tun es aus Pflichtgefühl und weil sie nicht zurechtkommen mit dem Verlust, dem Abschied, der schlechten Nachricht, der schwierigen Kommunikation mit Patienten, die nicht geheilt werden können und sterben werden, ganz gleich, was der Arzt tut. Ich war vor einiger Zeit beruflich in einem großen Krankenhaus in Amsterdam, dessen Schwerpunkt auf der Behandlung von Krebs liegt. Ein Arzt dort sagte zu mir: ‚Sie haben den Tod hier noch nicht erfunden.' Ein vielsagender Satz, finde ich.

Was das anbetrifft, hat sich wenig verändert seit der Zeit, als ich als Psychologiestudent ehrenamtlich in der onkologischen Abteilung arbeitete und mich fragte, was Ärzte und Pflegekräfte über die Betreuung von Menschen lernen, die bald sterben werden. Als ich in den Büchern nichts finden konnte, fragte ich meinen Bruder, der eine Ausbildung zum Arzt machte. Er sagte: ‚Darüber lernen wir natürlich nichts, schließlich ist es unsere Aufgabe, Menschen zu heilen. Wir sollen das Sterben bekämpfen.'"

Gleichzeitig fällt aber immer noch viel zu oft der Begriff „austherapiert".

„Es ist ein hartnäckiger Irrglaube, dass man nichts mehr für jemanden tun kann, wenn es im medizinischen Werkzeugkasten keine kurativen Behandlungen mehr für ihn gibt. Eigentlich ist dann die wahre Medizin gefordert, einschließlich der Verlagerung der Aufmerksamkeit auf die Palliativmedizin. Das ist auch der Zeitpunkt, ab dem man für die Patienten und ihre Angehörigen noch viel tun kann, was die Trauer betrifft."

Suzan ist eine Frau in ihren frühen 60ern. Vor sechs Monaten kam sie mit einem kleinen – wirklich sehr kleinen – Tumor in ihrer Lunge zu Sander. Er ließ ihn durch eine Lobektomie entfernen. Der Scan ihres übrigen Körpers zeigte keine weiteren Krebszellen.

Jetzt hat sie einen zehn Zentimeter großen Tumor in einer ihrer Nebennieren. Eine Nebenniere ist ein kleines Organ, in dem Steroidhormone produziert werden. Ein typischer Ort, wohin Lungenkrebs metastasiert. Ihr gesamter Unterleib ist ebenfalls voller Krebszellen. Sie kommt über den Internisten zu Sander, zu dem sie ihr Hausarzt wegen Schmerzen im Unterleib geschickt hatte. Vor vier Wochen war sie noch bei Sander zur Kontrolle. Sie fühlte sich gut, und auf dem Scan der Lunge war nichts zu sehen. Suzan fragte daraufhin, ob sie geheilt sei. Sander antwortete, dass das der Fall sei, wenn sie in den nächsten fünf Jahren keine Metastasen entwickle.

Als sie zu Sander in die Sprechstunde kommt und die schlechte Nachricht erfährt, fragt sie ihn, ob er ein halbes Jahr zuvor bei der Entdeckung des kleinen Tumors etwas übersehen habe. Sander hatte zuerst selbst gedacht: „Mist, ich habe etwas auf dem Scan übersehen, ich habe einfach nicht richtig hingeschaut." Aber als er den Scan von damals herausholt, um noch einmal nachzusehen, sieht er wirklich nichts, auch nicht in den Nebennieren. Suzan hat furchtbares Pech. Sie hat eine aggressive Krankheit, die unglaublich schnell um sich greift.

Sander sagt ihr, dass sie nicht mehr gesund werden wird, weil es Metastasen gibt. Abhängig von den Ergebnissen eines weiteren Scans werden sie so schnell wie möglich mit einer eindämmenden Behandlung beginnen.

Suzan starrt eine Weile vor sich hin. „Von einer Minute auf die andere so eine traurige Wendung in meinem Leben", sagt sie dann zu ihrem Mann. „Letzte Woche war ich noch voller Hoffnung, dass ich alt werden könnte."

Ihr Mann, der anfangs still neben ihr saß, wird nun wütend. Zuerst auf Sander, weil er glaubt, dass er eine falsche Diagnose gestellt hat. Sander holt den Scan hervor und erklärt, was darauf zu sehen ist und was nicht. Der Mann nickt. Er sieht es auch. Er schreit nicht mehr, ist aber immer noch wütend, nicht mehr so sehr auf Sander, sondern eher auf die elende Situation. Nach einigen Minuten Kampf mit seiner Wut legt Suzan eine Hand auf sein Knie. „Es ist, wie es ist", sagt sie, „wir müssen unseren Kurs ändern. Und wer weiß, vielleicht schlägt die Behandlung ja gut an."

Ich erzähle Manu, dass die Leute im Sprechzimmer manchmal wütend auf mich sind. Weil sie auf ein Ergebnis warten müssen oder weil wir noch keine endgültige Antwort geben können und weitere Untersuchungen machen müssen. Das Warten macht die Leute wütend, oder besser gesagt, die Ungewissheit macht die Leute wütend.

Manu nickt. „Und sie sind wütend, weil du die Diagnose stellst. Du bist der Überbringer einer Nachricht, die sie nie bekommen wollten. ‚Warum kannst du mir nichts anderes sagen? Etwas Gutes!' Es ist ein Ausdruck von Schmerz, von Trauer, aber auch von Vertrauen. Normale Wut wie diese äußert man nicht gegenüber einem Menschen, dem man nicht ausreichend vertraut. Ärzte sollten davon nicht allzu schockiert sein."

Was meinst du mit „normaler Wut"?

„Ich meine, dass Wut eine normale Reaktion von normalen, ausgeglichenen Menschen auf Schmerz und Verlust ist. Schau dir kleine Kinder an. Die wissen das sehr gut. Wenn ein fünfjähriges Kind gegen eine Tür rennt, ist seine Reaktion: dumme Tür. So reagieren wir auch dann noch, wenn wir das selbst vielleicht nicht mehr für normal halten. Jemand, der nach der Arbeit mit Kopfschmerzen nach Hause kommt und sofort von den Familienmitgliedern mit allen möglichen Fragen bestürmt wird, wird höchstwahrscheinlich mit Unmut reagieren: ‚Lasst mich in Ruhe!' Der Schmerz kommt auf irgendeine Weise immer zum Ausdruck. Wenn es anderen dann gelingt, ruhig zu bleiben und zu sagen: ‚Du brauchst nicht so wütend zu sein, erzähl mir einfach, was los ist', legt sich der Ärger auch schnell wieder. Man muss der Wut mit Verständnis und Akzeptanz begegnen.

Ich weiß, wie schwer das sein kann, vor allem, wenn man selbst auch müde und gestresst ist. In vielen Familien kommt es nach einer schweren Krankheit oder einem Todesfall zu großen Spannungen. Beziehungen sind gestört und Verbindungen gehen in die Brüche, weil man nicht weiß, dass Wut eine normale, menschliche Reaktion von Betroffenen ist, die in Trauer sind, die unter dem Verlust leiden."

Liegt es auch daran, dass viele nicht wissen, dass sie trauern, lange bevor der Tod eintritt? Verstärkt das die Wut?

„Oft stellt man die Verbindung zwischen Wut und Schmerz nicht her. Das ist natürlich auch viel verlangt. Ich möchte ein Beispiel aus meinem eigenen Leben anführen: Wir waren zu Hause elf Kinder. Als meine Mutter 62 Jahre alt war, wurde bei ihr Brustkrebs diagnostiziert; ein Jahr später starb sie. Bei ihren Kindern sah ich alle Reaktionen, die, wie ich wusste, zur Trauer und zum Verlust dazugehören. Meine vier Schwestern waren zum Beispiel wütend auf die Jungen in der Familie, weil wir nicht wissen konnten, wie es für ein Mädchen, für eine junge Frau ist, die eigene Mutter zu verlieren. Ich konnte ihrer Wut ruhig begegnen, weil ich wusste: Das ist eine normale emotionale Reaktion, die hier in ihrer ganzen Intensität zum Vorschein kommt."

Ich muss das Gespräch mit Manu kurz wegen eines Anrufs aus dem Krankenhaus unterbrechen. Die alte Dame mit den Rippenbrüchen ist gestorben. Letztendlich ist es gut gegangen, sagt die Palliativschwester. Die Töchter waren da. Auch ihre Enkelkinder kamen, um sich zu verabschieden. Sie umarmten sie, sie umarmten einander, es wurde geweint und auch gelacht. Ich verspreche, bald bei ihnen vorbeizukommen.

Als ich wieder bei Manu bin, frage ich ihn nach den Traueraufgaben, die er in seinen Büchern beschreibt. Was versteht er darunter?

„Die erste Aufgabe besteht darin, sich der Realität des Verlustes zu stellen. Das ist schon eine schwierige Aufgabe, denn alles in einem selbst sträubt sich dagegen. Wer will schon einer schlechten Nachricht wirklich ins Auge sehen? Verleugnung ist für viele Patienten ein wohltuendes Geschenk. Sie ist nicht nur als negativ zu betrachten, ganz sicher nicht, denn sie gibt den Menschen manchmal die Kraft, mit dem Leben, das ja noch da ist, zurechtzukommen: Man schiebt einen Teil der Realität an die Seite, um aus einem anderen Teil noch etwas zu machen. Ich kenne jemanden mit schwerer Herzinsuffizienz, der nach der Diagnose 20 Jahre lang glücklich mit der Überzeugung gelebt hat: Ich werde 100 Jahre alt und damit basta. Er wurde 74.

Die zweite Aufgabe besteht darin, den Schmerz des Verlustes wahrzunehmen. Man kann Verlust nicht erleben, ohne Schmerz zu verspüren. Dieser Schmerz kann durch Mark und Bein gehen. Und ich spreche nicht so sehr von körperlichem Schmerz, obwohl er auch körperlich spürbar ist.

Die dritte Aufgabe besteht darin, sich mit dem Verlust, den man mit sich trägt, an die Welt anzupassen, beispielsweise, wenn man an einer unheilbaren Krankheit leidet. Und Verlust meint hier nicht nur den nahenden großen Abschied vom Partner, den Kindern und Freunden. Er kann auch darin bestehen, dass man notgedrungen mit dem Arbeiten aufhören muss oder einsieht, dass man sich Hobbys wie Tiefseetauchen oder Bergsteigen jetzt abschminken kann.

Die vierte Aufgabe besteht darin, wieder genießen zu lernen und Erinnerungen lebendig zu halten.

Diese Aufgaben folgen einer gewissen Chronologie. Kurz gesagt: Ein Teil der neuen Realität muss erst zu einem durchdringen, bevor man sich anderen Aufgaben zuwenden kann. Indem man sich dieser Realität stellt, wird man Schmerz erfahren und dadurch wird man entdecken, wie man sich der Welt anpassen kann. In diesem Anpassungsprozess kann man dann lernen, zu genießen und die Erinnerungen zu pflegen, statt wütend, traurig oder niedergeschlagen zu sein.“

Sind Traueraufgaben etwas anderes als Trauerphasen?

„Eine Aufgabe ist keine Phase. Eine Phase hat immer einen Anfangs- und einen Endpunkt, man befindet sich darin und kann wenig dagegen tun. Dann tritt man sozusagen in die nächste Phase ein und kann auch dagegen kaum etwas ausrichten. Eine Aufgabe kann man hingegen annehmen oder ignorieren. Dazu bedarf es einer Entscheidung. Und das gilt für alle Beteiligten. Du, Sander, kannst als Arzt zum Beispiel jemandem helfen, eine Traueraufgabe anzunehmen, du kannst es aber auch lassen. Es gibt jedoch keinen festgelegten Anfang und kein bestimmtes Ende für diese Aufgaben, sie sind miteinander verwoben.

Ich beschreibe es den Leuten oft so: Stell dir vor, du hast Freunde eingeladen, für die du ein Essen zubereiten möchtest. Du entscheidest dich für eine Suppe. Da soll alles Mögliche hinein. Du beginnst damit, Gemüse zu schnippeln, schälst eine Kartoffel, dann eine Zwiebel, du stellst die Brühe auf, dann wendest du dich wieder dem Gemüse zu, du wäschst das Fleisch ab, um es hineinzutun, gehst kurz zur Tiefkühltruhe, um ein Baguette zu holen, das rechtzeitig auftauen muss – so gehst du von einer Aufgabe zur nächsten. Nun kann es vorkommen, dass die Nachbarin plötzlich vor der Tür steht und ein Schwätzchen halten will, aber das ist gerade ungünstig, weil du dich weiter um deine Suppe kümmern musst. Nehmen wir an, dass die Nachbarin auch eine gute Suppenköchin ist. Dann kann sie bei der Zubereitung helfen. Das Ergebnis ist ein Topf mit köstlicher frisch gekochter Suppe, um die herum die Freunde am Tisch zusammensitzen. Mit anderen Worten: Wenn wir uns unserer eigenen Traueraufgaben und der der anderen bewusster wären, könnten wir uns gegenseitig viel besser unterstützen."

Das klingt einfach und übersichtlich, aber wenn es darauf ankommt und es nicht um Suppe geht, ist es natürlich unglaublich schwierig. Gerade hat ein Arzt dir verkündet, dass du unheilbar krank bist, und ist gleich darauf auf die lebensverlängernden Behandlungen und den Kampf damit zu sprechen gekommen, und dann sollst du dich deinen Traueraufgaben zuwenden. Wie können wir das lernen?

„Wenn ich Bildungsministerin wäre, würde ich den Umgang mit Trauer und Verlust zu einem Unterrichtsfach machen, vom Kindergarten bis zur Universität. Wenn ich das irgendwo vorschlage, reagieren die Leute oft so: ‚Na klar, Vorschulkinder mit Trauer über Krankheit traktieren – das geht doch nicht.' Aber nein, Kinder befassen sich schon sehr früh damit. Wenn ein anderes Kind in der Klasse Kummer hat, wollen sie wissen, was los ist, und sie machen keinen Hehl daraus, dass sie helfen wollen, ganz gleich, wie groß oder klein der Kummer ist."

Neulich erzählte mir eine Patientin, dass ein sechsjähriges Mädchen aus der Klasse ihrer Enkelin den Plüschhasen verloren hat, mit dem sie seit ihrer Geburt jede Nacht einschläft. Sie war natürlich untröstlich. Sobald der Rest der Klasse davon erfuhr, wurde ein Plan entwickelt, ihr bei der Suche zu helfen, einschließlich einer Landkarte und einem vorübergehenden Ersatz für den Plüschhasen.

„Voilà. Das ist nicht mehr und nicht weniger als ein guter Umgang mit dem Verlust, dem Schmerz und der Trauer eines anderen."

Du hast gerade betont, dass Traueraufgaben nicht dasselbe wie Phasen sind. Beziehst du dich dabei auf die berühmten Trauerphasen aus dem Modell der schweizerisch-amerikanischen Psychiaterin Elisabeth Kübler-Ross: Leugnung, Wut, Verhandeln, Depression und Akzeptanz?

„Ja, in der Tat. Das Seltsame ist, dass uns diese Phasen von Kübler-Ross immer noch überall begegnen, in Lehrbüchern, Netflix-Serien bis hin zum alltäglichen Umgang miteinander, obwohl man diese Lehre seit mehr als 50 Jahren aufgegeben hat. Auch sie selbst kam davon ab, nachdem sie mehrere schwere Hirnblutungen erlitten hatte und merkte, dass sie nicht zur Akzeptanz ihres bevorstehenden Todes gelangte. Ich will mich nicht damit brüsten, aber seit ich ihr Buch 1970 zum ersten Mal gelesen habe, dachte ich: Warum sollen die Menschen denn nun um jeden Preis ihren Tod akzeptieren? Auch dann, wenn sie im Leben noch nie einen Rückschlag akzeptiert haben? Darf denn nicht jeder Mensch seinen eigenen Tod sterben?

Diese Phasen von Kübler-Ross sind im Wesentlichen Copingmechanismen. Sie sind ebenfalls miteinander verwoben, genau wie ‚meine' Traueraufgaben. Ein Beispiel: Eine Frau führt morgens ein offenes Gespräch mit ihrem Arzt über die Prognose und die Tatsache, dass sie die Krankheit nicht überleben wird. Nachmittags kommen die Kinder zu Besuch und sie schmiedet mit ihnen Pläne für die Weihnachtsferien, die einerseits noch in weiter Ferne liegen, andererseits aber auch wieder nicht. Skifahren wird nicht mehr gehen, aber vielleicht doch Wandern in den Ardennen ... Von welcher Phase ist hier die Rede? Befindet sie sich in der Phase des Verleugnens, des Verhandelns oder der Akzeptanz? Ich persönlich würde sagen, diese Frau und ihre Familienangehörigen sind bereits auf dem besten Weg, die Traueraufgaben anzugehen: sich der Realität des Verlusts zu stellen, sich der Realität anzupassen, genießen zu lernen, was noch geht und vielleicht noch kommen wird."

Kann man eigentlich trauern und sich gleichzeitig einer Behandlung unterziehen, in der Hoffnung, dass diese noch Rettung bringen wird?

„Natürlich. Die erste Aufgabe der Trauer besteht zwar darin, sich der Realität zu stellen, aber Verleugnung spielt auch hinein und darf hineinspielen – vor allem zu Beginn einer Krankheit, wenn sich die Menschen manchmal körperlich noch gar nicht so schlecht oder überhaupt nicht schlecht fühlen. Ich sehe das Wechselspiel zwischen Anerkennung und Verleugnung oft bei Eltern von Kindern mit schweren Behinderungen. Sie tun alles, was das Kind braucht, und dennoch träumen sie noch davon, dass es einmal studieren oder selbstständig wohnen kann.

Wie ich schon sagte, Verleugnung ist ein wohltuendes Geschenk, um etwas besser durchstehen zu können, und kann für jemanden mit einer katastrophalen Krebsdiagnose sehr wertvoll sein. Und auch für die Angehörigen. Oft bekomme ich zu hören: ‚Meine Mutter, mein Vater ist plötzlich gestorben und wir waren nicht darauf vorbereitet.' Und das, obwohl der Betroffene schon fünf Jahre lang Krebs hatte, fünf Jahre lang behandelt wurde und es ihm in diesen Jahren allmählich immer schlechter ging."

In einem Hospiz erzählten mir die wunderbaren Ehrenamtlichen, die den Laden dort am Laufen halten, dass viele der Heimbewohner bis zu ihrem Einzug selten oder noch überhaupt nicht über den Tod gesprochen haben – und sie dürfen dort erst einziehen, wenn sie aller Voraussicht nach nur noch drei Monate zu leben haben.

„Wie kann das sein, denkt man dann. Nun, man hat einen Teil der Realität verleugnet und abgeblockt. Das wird etwas gebracht und gleichzeitig auch etwas gekostet haben. Um auf meine eigene Geschichte zurückzukommen: Vier Tage vor dem Tod meiner Mutter, die bis zuletzt zu Hause behandelt und gepflegt wurde, rief einer meiner Brüder an. Er sagte: ‚Wir müssen uns von ihrem Hausarzt trennen, der ist inkompetent.' ‚Aber warum denn?', fragte ich. ‚Er ist doch der ideale Hausarzt für unsere Eltern in dieser Situation. Sie schätzen diesen Mann sehr. Sie kennen ihn seit Jahren, und er ist mehr als einfühlsam. Seine Betreuung ist gut, vor allem, seit die Behandlung beendet wurde, weil sie nur negative Nebenwirkungen mit sich brachte, die Metastasen aber einfach weiter wuchsen.' ‚Nein, nein', sagte mein Bruder, ‚je häufiger der Arzt kommt, desto kränker wird unsere Mutter.' Er kam natürlich öfter, weil es ihr immer schlechter ging und sie immer mehr Palliativversorgung benötigte.

Mein Bruder wurde wütend auf mich, als ich den Hausarzt verteidigte. Er wollte nichts davon hören. Irgendwann sagte er: ‚Dieser Hausarzt tut so, als ob Mutter sterben würde.' ‚Ja', sagte ich, ‚das ist es auch, was gerade geschieht.'

Es hat eine Weile gedauert, bis ich ihm klarmachen konnte, dass es wirklich so war. Er fuhr fort: ‚Okay, dann müssen wir jetzt möglichst schnell zusammenkommen, um einen Plan zu schmieden, damit Mutter nicht merkt, was vor sich geht.‘ Ich sagte: ‚Sie weiß es. Ich habe schon Stunden mit ihr darüber gesprochen.‘ ‚Warum weißt du es und ich nicht?‘, fragte er dann. ‚Das weiß ich nicht genau‘, antwortete ich. ‚Vielleicht, weil du mit den Gefühlen, die bei Verlust und Trauer hochkommen, anders umgehst – aufgrund der Umstände, deines Charakters, eines alten Traumas. Daran ist nichts Schlimmes, solange man weiß, dass es so ist.‘“

Wenn man nicht über die Krankheit und den Tod spricht, die einen selbst oder einen geliebten Menschen treffen, fällt einem dann das Verleugnen leichter?

„Etwas zu realisieren und zu einer Einsicht zu kommen, gehören zusammen. Ärzte und Pflegekräfte können jemandem bei dieser ersten, so wichtigen Aufgabe helfen: Sie können dabei unterstützen, sich der Realität zu stellen, indem sie korrekte Informationen liefern und diese Informationen mehrmals wiederholen. Selbst für einen guten Arzt, der sich mit Palliativmedizin und Sterben auskennt, ist das nicht einfach, denn die meisten Menschen sind nach den ersten zwei Sätzen so aufgewühlt, dass sie nicht mehr hören, was gesagt wird, auch wenn es so aussieht, als würden sie zuhören. Ich habe einmal mit einer Sozialarbeiterin gesprochen, die sich um Eltern kümmern musste, die gerade vom Kinderarzt erfahren hatten, dass ihr Kind mental schwerstbehindert ist. Die Sozialarbeiterin war auf totale Verzweiflung gefasst, aber zu ihrer Überraschung waren die Eltern erleichtert. ‚Ja‘, sagten sie, ‚die ganze Zeit über dachten wir, dass mit unserem Kind etwas Gravierendes ist, weil wir gemeinsam zum Arzt kommen sollten, aber es ist halb so schlimm.‘ ‚Was hat der Arzt denn gesagt?‘, fragte die Betreuerin. ‚Ich habe es nicht ganz verstanden‘, sagte der Vater, ‚aber es läuft wohl darauf hinaus, dass unser Sohn eine Überempfindlichkeit gegen eine bestimmte Form von Metall hat.‘ Der Vater war Metallarbeiter. Aus ‚mental‘ machte er ‚Metall‘. Verleugnung in Reinform. Wie ich schon sagte: Das hilft den Menschen, zu ertragen, was für sie zu schwer zu ertragen ist.“

Ich denke immer an deine Dorfstraße und Kirchstraße, wenn ich in einem Gespräch schlechte Nachrichten überbringen muss oder versuche, mit einem Patienten im Endstadium, der sich verbissen an einer Heilung festhält, über Palliativmedizin zu sprechen. Kannst du das noch einmal erklären?

„Wenn Ärzte ihren Patienten etwas Schlimmes mitteilen müssen, wenden sie sich fast ausnahmslos an den Verstand. Sie geben ihnen eine rationale Erklärung für das, was im Körper vor sich geht. Aber für den Patienten ist das nichts Rationales, er ist beherrscht von Emotionen. Daher spreche ich von der Dorfstraße und der Kirchstraße: Die Straße des Verstandes ist die Dorfstraße. Die eigenen Emotionen, die Menschen, die einem nahestehen, der Sinn des eigenen Lebens, die eigenen Ziele, die Wünsche für die Zukunft und dergleichen mehr, das ist die Kirchstraße. Wenn der Patient die Kirchstraße hinuntergeht, wohin es ihn nach einer unangenehmen Nachricht wie von selbst zieht, hört er nicht mehr, was in der Dorfstraße passiert. Jeder, der sich um unheilbar kranke und sterbende Menschen kümmert, tut gut daran, ein Auge und ein Ohr für das zu entwickeln, was in der Kirchstraße vor sich geht – in der Kirchstraße des Patienten, der Angehörigen und in der Kirchstraße von ihnen selbst. Damit jeder auf gute Weise über den Schmerz und den Verlust trauern kann, von der Diagnose bis weit nach dem Abschied."

Marloes ist eine 65-jährige Frau. Sie kam letztes Jahr mit einem Tumor in der rechten Lunge und Metastasen in der Leber und einer Nebenniere zu Sander. Ein chirurgischer Eingriff ist nicht mehr möglich. Sie erhält eine systemische Therapie, um das Krebswachstum zu verlangsamen. Dadurch bekommt sie noch ein paar Monate hinzu, vielleicht auch mehr.

Eines Tages, gegen Ende der Chemotherapie, ruft Sander Marloes zu Hause an. Das Wetter ist herrlich. Es ist sonnig, aber nicht zu heiß, nicht schwül, und es weht eine leichte Brise. Ihr Mann nimmt ab. Er sagt: „Sie sitzt glücklich draußen in der Sonne." Sander erzählt, was er vor seinem geistigen Auge sieht: einen Garten in Drenthe, eine schöne Landschaft, sie sitzt da und schaut, die Sonne scheint auf ihre Haut, sie trinkt eine Tasse Kaffee, in den Bäumen ringsum zwitschern Vögel. „Aber vielleicht romantisiere ich das", sagt er. „Überhaupt nicht", antwortet der Mann, „sie sitzt wirklich da und genießt es sehr. Die Medikamente gegen die Übelkeit wirken gut, sie ist nicht mehr so sehr damit beschäftigt, dass sie etwas essen muss, um nicht ganz abzubauen, sie sitzt einfach nur gemütlich da. Natürlich gibt es Traurigkeit und auch ein wenig Angst, aber es gibt auch Freude über die üppige Natur an einem so fantastischen Tag. Wir finden es einfach toll, dass Sie das auch so sehen und nicht gleich anfangen, über etwas Medizinisches zu reden."

7. Das Recht auf Nichtwissen
Seelsorger Mustafa Bulut über interkulturelle Pflege bei schwerer Krankheit und im Sterbeprozess

Heute bin ich besorgt und auch ein wenig wütend. Eine Patientin, mit der ich gestern Morgen gesprochen habe, hat mir nicht gesagt, dass sie möglicherweise Covid hat, weil sie nicht an das Coronavirus glaubt. Meine Sorge gilt nicht mir selbst, obwohl auch ich nicht gerade darauf erpicht bin, das Virus zu bekommen, ich mache mir vielmehr Sorgen um all die anfälligen und kranken Menschen, mit denen ich jeden Tag zu tun habe. Sie hat mir die Chance genommen, geeignete Schutzmaßnahmen zu ergreifen. Das finde ich schlimm.

Nachdem mir eine Krankenschwester mitgeteilt hat, dass die Dame tatsächlich mit dem Virus infiziert ist, und ich, allein in meinem Zimmer sitzend, auf die Ergebnisse meines Tests warte (kein Corona!), ruft eine Kollegin aus einem anderen Krankenhaus an. Auch sie ist besorgt und ein wenig traurig. Ein Patient war während eines Prognosegesprächs wütend geworden, weil sie ihm gesagt hatte, dass seine Krankheit nicht heilbar sei. Sie habe ihm seine Hoffnung genommen und das werde er ihr nie verzeihen, hatte er geschrien, bevor er aus dem Sprechzimmer stürmte.

Eine wichtige und komplizierte Aufgabe in meiner Arbeit und in der Palliativmedizin besteht darin, als Arzt wesentliche Befunde der Untersuchungen anzusprechen, auch wenn der Patient diese nicht hören will. Ich selbst finde, dass man als Arzt wahnsinnig ehrlich sein muss. Gerade diese Ehrlichkeit gibt Hoffnung. Denn es gibt immer mehr Möglichkeiten, das Leben zu verlängern, manchmal auch ohne unangenehme Nebenwirkungen. Diese Behandlungen machen Hoffnung, aber dazu muss man erst einmal auf derselben Seite stehen.

Andererseits muss ich berücksichtigen, dass Patienten das Recht haben, nicht wissen zu wollen, wie schlecht es um sie steht. Im niederländischen Gesundheitswesen sind der direkte Ansatz und das Recht auf Information ein hohes Gut, aber in vielen Kulturen denken die Menschen darüber völlig anders. Das ist im Gesundheitswesen zu respektieren. Als Arzt muss man sein Bestes geben, um im Kontakt mit den Patienten den richtigen Umgang damit zu finden, vor allem in der heutigen Zeit, wo mehr als jeder vierte Niederländer einen Migrationshintergrund hat.[12] Hier in Assen leben zum Beispiel Menschen, deren Wurzeln in China liegen. In der chinesischen Kultur kann man unserem Enthusiasmus für Transparenz wenig abgewinnen, dort ist gerade das Recht der Patienten auf Nichtwissen ein hohes Gut.

Hua ist ein 70-jähriger chinesisch-niederländischer Mann mit einem bösartigen Lungentumor, der Metastasen gebildet hat. Er wohnt schon 45 Jahre in Assen, spricht aber weder Niederländisch noch Englisch. Sein Sohn, der mit ihm in die Ambulanz gekommen ist, um die Diagnose zu besprechen, ist hier geboren und aufgewachsen. Er spricht fließend und akzentfrei Niederländisch. Als sie Sander gegenübersitzen, sagt der Sohn, dass er übersetzen werde. Sander nickt, lächelt seinem Patienten zu und sagt dann ohne Umschweife, dass Hua metastasierenden Lungenkrebs hat und daran sterben wird. „Können Sie ihm das sagen?", fragt er den Sohn, „und dann erkläre ich ihm, was wir tun können."

„Nein", antwortet dieser, „das werde ich nicht tun.".

„Warum nicht?", fragt Sander. „Ihr Vater hat ein Recht darauf zu wissen, was mit ihm los ist."

„Ich bin sicher, dass er das hat", sagt der Sohn, „aber in unserer Kultur machen wir das anders. Mein Vater ist einfach krank, Punkt. Geben Sie ihm bitte die Behandlung, die er braucht, ohne dass jemand im Krankenhaus ihn wissen lässt, dass er nicht wieder gesund wird."

Hua scheint sich unterdessen überhaupt nicht darum zu bemühen, etwas von dem Gespräch zu verstehen. Er sitzt ruhig da neben seinem Sohn, die kleinen Hände im Schoß gefaltet, und lächelt Sander an.

Hua erhält eine lebensverlängernde Chemotherapie. Es geht nicht lange gut: Fünf Monate nach dem Gespräch im Sprechzimmer ist er tot. Der Hausarzt ruft Sander an, um über seinen Weg bis zum Ende zu berichten: Hua ging es immer schlechter und er wurde bettlägerig, ungeachtet der Chemotherapie, die ihm in immer kürzeren Abständen verabreicht wurde. Wegen der Metastasen in den Knochen bekam er schreckliche Schmerzen. Als das Leiden zu groß wurde, wurde er zu

Hause sediert. Sein Sterben dauerte drei Tage. Es verlief ruhig, Huas Sohn und Schwiegertochter waren dabei. Sowohl Sander als auch der Hausarzt glauben, dass Hua nie „wusste", dass er Lungenkrebs hatte.

Aus der internationalen Fachliteratur weiß ich, dass die Palliativversorgung in China einiges zu wünschen übriglässt. Menschen mit unheilbaren Krankheiten gehen oft unter großen Schmerzen dem Ende entgegen, auch weil alle bloß sagen, dass sie einfach ein bisschen krank seien.

Ich denke auch an England, sozusagen die Wiege der Palliativversorgung. Abgesehen vom aktiven Beenden des Lebens – Töten auf Verlangen ist verboten – ist die Palliativversorgung dort schon seit Jahren gut geregelt. Wir haben hier in den Niederlanden den *zorgpad stervensfase* (Behandlungs- und Pflegepfad in der Sterbephase), der in Krankenhäusern zunehmend eingesetzt wird, wenn jemand im Sterben liegt, nach britischem Modell eingerichtet. Der *Liverpool Care Pathway for the Dying Patient* (LCP) ist ursprünglich ein Sammelbegriff für die Aspekte, die im Sterbeprozess immer wieder überprüft werden: Liegt der Patient bequem? Hat er oder sie keine Schmerzen? Ist die Mundpflege gut geregelt? In England wurde der *Liverpool Care Pathway* inzwischen abgeschafft. Man war der Ansicht, dass das Sterben dadurch zu stark beschleunigt wird. In England hat man also eine konservativere Einstellung zur Palliativmedizin als bei uns. Ob und inwieweit das damit zusammenhängt, was in Gesprächen zwischen Ärzten und Patienten gesagt und verschwiegen wird, weiß ich nicht.

Ein Pionier und eine Autorität auf dem Gebiet der interkulturellen Gesundheitsversorgung ist Mustafa Bulut, Seelsorger am Elisabeth-TweeSteden Krankenhaus in Nordbrabant. Ich lade ihn oft zu Konferenzen und Vorträgen ein, die ich (mit-)organisiere. Für dieses Buch führen wir ein Gespräch über Zoom, was für zwei viel beschäftigte Krankenhausmitarbeiter, die einige Hundert Kilometer voneinander entfernt wohnen und arbeiten, sehr praktisch ist.

Nachdem wir uns begrüßt haben, bemerkt er gleich zu Anfang, dass er oft hauptsächlich, aber nicht nur über Palliativversorgung bei Muslimen spricht. „Danach werde ich regelmäßig gefragt und erkläre es gern, aber ich weite das Thema auch immer sofort in dem Sinn aus: Was sagen wir, weltweit betrachtet, Patienten bei einer schlechten Diagnose, und welche Auswirkung hat eine solche Mitteilung auf die Palliativversorgung? In Italien teilen nur 46 Prozent der Ärzte eine solche Diagnose mit. In Belgien werden über 30 Prozent der Diagnosen über eine tödliche Krankheit nicht explizit ausgesprochen. Ich erwähne nur einige Länder in unserer Nachbarschaft, in denen die Ärzte den Wert von Transparenz und Ehrlichkeit anders betrachten als der durchschnittliche niederländische Arzt."

Letzte Woche inspirierte mich eine deiner Präsentationen, in der du sagtest, dass in vielen Kulturen das Sprechen über das Sterben mit dem Sterben gleichgesetzt wird. Kannst du das noch einmal erläutern?

„Zunächst einmal muss die Tatsache, dass man die Diagnose oder Prognose nicht unverblümt mitteilt, nicht bedeuten, dass man über den Tod schweigt. Es geht darum, wie man als Arzt damit umgeht, in welchen Schritten man denkt, um sowohl den Patienten als auch seine Familie in das Geschehen miteinzubeziehen. Der Tod muss auf jeden Fall zur Sprache kommen, Sander, aber muss man denn damit beginnen?

Das Problem ist, dass Medizinstudenten in den Niederlanden in ihren ohnehin schon sehr begrenzten Lektionen über den Tod immer noch vermittelt wird, zuallererst die schlechte Nachricht zu überbringen, ohne ihnen in diesen Vorlesungen mehr Erklärungen mit auf den Weg zu geben und weitere Zusammenhänge zu vermitteln. Nun ja, wie ich in der besagten Präsentation erwähnte, ist laut dem Zentralen Amt für Statistik heute jeder vierte Niederländer ein Migrant oder Migrantenkind. Das spiegelt sich natürlich auch in der medizinischen Versorgung wider, und daher ist dieser Ansatz bei Weitem nicht mehr für alle Patienten geeignet. In meinen Augen sollte die grundlegende Frage jetzt und in Zukunft lauten: ‚Wollen Sie wissen, was Ihnen fehlt?'"

Unabhängig vom Hintergrund einer Person?

„Vielleicht, ja. In den Niederlanden sagen die Ärzte oft: ‚Ich muss es Ihnen mitteilen.' Das ist eigentlich nicht der Fall. Ich denke, dass ‚der Patient hat das Recht' Vorrang hat oder haben sollte vor ‚der Arzt hat die Pflicht'. Man sollte daher die Frage stellen: ‚Wollen Sie es wissen?' Und dann: ‚Was wollen Sie wissen?' Die Menschen haben ohnehin Fragen, die sie stellen wollen. Wenn wir Ärzte die

Regie im Gespräch übernehmen, ohne die Belastbarkeit von Patienten zu kennen, ohne zu wissen, wo das Gegenüber steht, kann das in manchen Kulturen als Todesurteil aufgefasst werden. Möglicherweise vermittelt das dem Patienten das Gefühl ‚Ich liege schon im Sterben', während es dem Arzt nur darum geht, die Tatsachen zu thematisieren."

In Gesprächen über schlechte Diagnosen habe ich manchmal das Gefühl, dass sich Angehörige und Patienten gegenseitig nicht mit Informationen belasten wollen und im Beisein des anderen verstummen.

„Das ist ein bekanntes Muster, mit dem beide Gruppen in der Endphase überleben. Versuche keinesfalls es zu durchbrechen, frage lieber: ‚Wie fühlen Sie sich? Wie geht es Ihnen heute?' Es versetzt die Menschen in Schrecken, wenn man ihnen bei jedem Termin oder Krankenhausaufenthalt sagt: ‚Sie sterben, Sie sterben.' ‚Er sieht es einfach nicht ein', sagen mir dann die Ärzte. So ist es aber nicht. Die Menschen sehen es sehr wohl, aber wenn man ihnen ständig sagt, dass der Tod kommt, bedeutet das für sie, mehrmals zu sterben. Und das will niemand. Ärzte müssen ein Gespür dafür entwickeln, wann sie das ansprechen können. Ich rate ihnen manchmal, es so zu formulieren: ‚Der Sterbeprozess hat begonnen.' Das ist weicher, das kann plötzlich Türen öffnen.

Mit anderen Worten: Ich wünsche mir ein bisschen mehr Sensibilität für die Welt des Patienten, dafür, wo er herkommt – und das nicht nur im wörtlichen Sinn."

Kurz vor Weihnachten wird Pascalle, eine 56-jährige Frau, die stark unter Atemnot leidet, in die Notaufnahme eingeliefert. Sie hat offenbar eine Menge Flüssigkeit in einer ihrer Lungenhöhlen, dem Raum, in dem die Lunge hängt. In den Aufzeichnungen des Arztes liest Sander, dass Pascalle auf keinen Fall ins Krankenhaus wollte. Er lässt sie trotzdem aufnehmen, um die Flüssigkeit zu entfernen und sie zu untersuchen. Der Befund ist nicht gut. Pascalle hat bösartige Zellen in den Lungenhäuten und einen Tumor in einer Lunge.

Am Ersten Weihnachtstag besucht Sander sie im Krankenzimmer. „Ich würde gerne mit Ihnen reden, aber ich möchte lieber warten, bis Ihre Familie dabei ist", sagt er. „Das ist nicht gut, oder?", knurrt sie zurück. „Sagen Sie es jetzt einfach." Das tut er nicht.

Am späten Nachmittag des Zweiten Weihnachtstags erscheint die Familie, die eben erst von einem Weihnachtsausflug nach Antwerpen zurückgekehrt ist. Pascalle ist immer noch sehr wütend und reagiert abweisend, auch ihren Verwandten gegenüber. Sander teilt allen die Diagnose mit: Lungenkrebs, Metastasen in den Lungenhäuten. Pascalle wendet den Kopf ab: „Das ist jetzt genug, ich will das jetzt nicht mehr hören." Ihre Tochter, die neben ihr sitzt, will jedoch mehr wissen und sagt das auch zu ihrer Mutter. Diese bleibt stumm. Sander redet weiter. Er erklärt die Sachlage genauer, zeigt Fotos und schließt mit der Mitteilung, dass Pascalle auf lange Sicht an ihrer Krankheit sterben wird.

Einen Tag später liest Sander in der Akte die Aufzeichnungen eines Psychiaters, der Pascalle besucht hat. Darin steht unter anderem, dass sie Sander viel zu grob und undifferenziert findet, und dass er gesagt habe, er könne nichts mehr für sie tun. Das stimmt nicht. Im Gegenteil: Sander hat ihr gerade gesagt, dass man noch eine Menge tun könne, nur nichts, was sie heilen kann.

Als er auch von anderen Ärzten hört, dass sich Pascalle über ihn beklagt, sucht er sie erneut auf. Er sagt, dass er es schön fände, wenn sie ihn als ihren Lungenarzt direkt ansprechen würde. Dafür hat sie Verständnis. „Entschuldigung", sagt sie, „ich bin sehr direkt." „Das bin ich auch", antwortet Sander, „aber ich habe nur Ihr Bestes im Sinn und werde alles für Sie tun, um Ihr Leben so gut wie möglich zu erhalten." Pascalle nickt, mit einem Lächeln auf den Lippen. „Es ist schön, das zu hören. Aber wenn ich das noch kurz ohne Umschweife sagen darf? Ich will doch lieber einen anderen Arzt, einen, der etwas weniger direkt ist."

Die richtigen Worte

In deinen Vorträgen sprichst du auch oft darüber, dass man auf „die geteilte Autonomie" achten solle. Möchtest du dazu etwas sagen?

„Damit meine ich, dass man als Arzt im Umgang mit Patienten schaut, ob außer ihnen selbst noch jemand anderes in die Gespräche über das, was sie zu erwarten haben, einbezogen werden muss. Das gibt Sicherheit. Niederländische Ärzte denken oft sehr individualistisch, sie beharren auf dem Standpunkt: Der Patient steht im Mittelpunkt. Die Niederlande schneiden am schlechtesten ab, wenn es um die Einbeziehung der Familie geht. Wenn man das zum Beispiel mit Italien vergleicht: Dort bindet mehr als die Hälfte der Ärzte die Familie während der Behandlungen mit ein, auch in den Umgang mit dem Patienten. Das heißt nicht, dass wir zehn Personen intensiv an diesen Gesprächen beteiligen müssen. Ein oder zwei reichen. Natürlich nur, wenn der Patient das will, das steht immer an erster Stelle.

Zudem sollte es im Umgang mit dem Patienten auch mehr Raum für eine „Sprache ohne Worte“ geben. Ein Kinderarztkollege aus Nigeria erzählte mir kürzlich, dass er oft vermittelt, wie ernst es ist, indem er schweigt. Er beginnt mit der Mitteilung, dass er die Ergebnisse der Blutuntersuchung und der Scans vorliegen hat. Dann schaut er die Leute an, ohne weiter etwas zu sagen, und damit ist klar, wie ernst es ist. Nonverbale Kommunikation, man macht deutlich, dass es schlecht aussieht, aber man sagt es nicht. Die niederländische Gesundheitsfürsorge ist stark auf das Sprechen ausgerichtet, aber das Nonverbale spielt eine mindestens ebenso große Rolle. Es ist wichtig, diese Elemente miteinzubeziehen, die Mimik der Patienten zu studieren. Und: Wie sitzen sie da, wie schauen sie, was tun sie mit ihren Händen?

Man muss sich auch bewusst machen, dass die Menschen oft schon vor dem Gespräch besser im Bilde sind, als man glaubt. Bittet eine Arzthelferin in einem Telefongespräch darum, zur Diagnosebesprechung jemanden mitzubringen, dann wissen sie schon, dass es ernst ist. Dieses Wissen haben sie im Gespräch im Hinterkopf, auch wenn es nicht explizit angesprochen wird.“

Wenn wir einen schwerkranken oder sterbenden Patienten aus einer niederländisch-türkischen oder niederländisch-marokkanischen Gemeinschaft aufnehmen, erscheinen oft große Menschengruppen auf der Station. 30 Personen sind keine Seltenheit. Meistens gibt es auch ein Oberhaupt in der Gruppe. Das Ärzte- und Pflegeteam weiß längst nicht immer, wie es mit einer solchen Situation umgehen soll: An wen soll es sich mit welchen Informationen wenden? Könntest du dazu noch mehr sagen?

„Vor allem, wenn jemand palliativ behandelt wird oder kurz vor dem Tod steht, wäre es fantastisch, wenn sich ein Arzt frühzeitig erkundigen würde, ob es neben der Familie noch eine besondere

Person gibt, die in die Situation miteinbezogen werden soll. Ein Oberhaupt oder wie wir oft sagen: der Älteste oder der Vertreter.

Wenn die Leute dann etwas argwöhnisch fragen, warum man das wissen will, kann man sagen: ‚Wir wissen, dass Familien oft groß sind, wir wollen uns gut um Sie alle kümmern. Wenn es also viele Menschen sind, ist es gut für uns, eine klare Vorstellung davon zu haben, mit wem wir reden können oder sollen.' Das Vertrauen, das man als Arzt in die Familienangehörigen setzt, wird erwidert werden, wenn es darauf ankommt, beispielsweise wenn der Tod naht und eine Entscheidung über Leidenslinderung, den Abbruch einer sinnlosen Behandlung oder den schwierigen Moment des Abschiednehmens getroffen werden muss."

Gebe ich als Arzt einem solchen Vertreter eine andere Auskunft als dem Kranken oder Sterbenden?

„Das hängt davon ab, was der Patient will, denn man erkundigt sich zunächst bei ihm oder ihr, an wen man sich wenden soll. Wenn ein Patient sagt: ‚Sprich zuerst nur mit meinem Bruder, er ist unser Ältester', dann gibst du ihm die Informationen, die du für notwendig hältst. Dem Ältesten kann man übrigens immer alles sagen: ‚Ich mache mir solche Sorgen, es geht stark bergab, beim kleinsten Rückfall werden wir ihn verlieren.' Danach fragt man: ‚Wie wollen wir das gemeinsam lösen? Was sagen wir und was sagen wir nicht? Wie würden Sie und andere Familienangehörige es sagen? Das würden wir gerne wissen, denn Sie kennen ihn als Mensch, wir nur als Patient.' Deine eigene Einschätzung als Arzt bleibt dabei bestimmend – du hörst auf deinen Verstand, deine Erfahrung und deine Gefühle –, aber du suchst erst den Kontakt, bevor du etwas beschließt oder tust. Ist der Kontakt mit dem Patienten und eventuell mit einem Vertreter hergestellt, hilft das dir weiter, dem Patienten weiterzuhelfen. Das ist natürlich immer das Ziel."

In einigen Krankenhäusern wird zu Gesprächen mit Patienten, von denen man weiß, dass sie kein Niederländisch sprechen, standardmäßig ein Dolmetscher hinzugezogen. In Anbetracht dessen, was du mir erzählst, denke ich: Hm, nicht immer eine gute Idee.

„Ganz sicher nicht. Die Familien können sich dadurch übergangen fühlen. Manchmal verfolgen Krankenhäuser damit auch genau das Ziel, nämlich jemanden zu übergehen, wenn auch in guter Absicht: Wir haben es mit Frau A oder B zu tun, nicht mit Vertreter X oder Y. Das trägt nicht zur Vertrauensbildung bei. Ich rate Ärzten immer: Frage zuerst die Angehörigen, ob jemand von ihnen übersetzen kann. Ist das nicht möglich, beispielsweise, weil sie ebenfalls kein Niederländisch sprechen, kann man ihnen sagen, dass man die Informationen dennoch übermitteln muss und deshalb gern einen Dolmetscher hinzuziehen möchte.

Zu bedenken ist dabei auch, dass zweisprachige Menschen ihre Gefühle meist in ihrer Muttersprache zum Ausdruck bringen. Ich erlebe häufig, dass unheilbar kranke Patienten, die gut Niederländisch sprechen, in ihre Muttersprache zurückfallen, weil die Krankheit sie so stark bewegt. Das ist das Urgefühl des Menschen. Ich sage oft: Wenn Menschen krank werden, wackelt das Haus, und dann fallen sie auf die Fundamente zurück – Identität, Religion, Kultur und auch die Sprache, mit der sie aufgewachsen sind."

Ich würde gerne etwas näher auf die Sterbephase eingehen, in der wir Morphin gegen Schmerzen und Atemnot geben, immer häufiger palliative Sedierung und manchmal auch Sterbehilfe einsetzen. Kannst du aus deiner Expertise heraus etwas dazu sagen?

„Bei religiösen Menschen, welcher Religion auch immer sie angehören, kommt es regelmäßig vor, dass sie Morphin zur Schmerzbekämpfung ablehnen, weil sie an einem Reinigungsritual teilnehmen wollen. Wenn es Familienangehörige oder andere Verwandte sind, die anstelle des willensunfähigen Patienten bestimmen, dass er oder sie für die rituelle Waschung leiden muss, sagt das Gesetz: Die Einschätzung des Arztes über die Schwere des Leidens ist ausschlaggebend. Das darf man als Arzt also nicht zulassen. Wenn der Patient selbst leiden will, ist das eine andere Sache. Das ist dann seine oder ihre Entscheidung. Ärzten fällt es schwer, das mitanzusehen, weil sie wissen, dass sie etwas tun könnten. Ist es aber der ausdrückliche Wunsch des Sterbenden, hat man diesen zu respektieren.

Ich finde, Ärzte sollten immer fragen, warum jemand es so oder so will. Oft steckt hinter dem Wunsch doch etwas, bei dem man helfen kann. Viele Menschen haben zum Beispiel Angst, in den

Sterbeprozess einzugreifen, den Tod zu beschleunigen. Die meisten wissen nicht, dass eine richtig dosierte Gabe Morphin die Schmerzen bekämpfen und dennoch das Bewusstsein erhalten kann. Eine ausdrückliche Aufklärung über eine Behandlung, die der Lebensqualität während des Sterbeprozesses dient, ist daher auch für Sterbende unerlässlich, die sagen, dass sie leiden wollen.

Was die palliative Sedierung betrifft, wird es schwierig, wenn die Patienten kurz vor dem Tod noch das Glaubensbekenntnis sprechen möchten. Muslime auf der ganzen Welt wollen diese allerletzte Etappe auf ihrem Lebens- und Glaubensweg wie vorgeschrieben vollenden, auch wenn sie liberale Muslime sind.

Ein Glaubensbekenntnis kann nur bei Bewusstsein abgelegt werden, und das ist im Fall einer palliativen Sedierung nicht möglich. Die Empfehlung lautet hier, den Patienten das Bekenntnis vor der Sedierung sprechen zu lassen, wenn er dazu bereit ist. Wenn er dazu nicht bereit ist, wird es schwierig, es wird sich dann für ihn so anfühlen, als läge er bereits im Sterben. In diesen Fällen kann es hilfreich sein, als Zwischenschritt den Besuch eines Geistlichen zu arrangieren, der dem Patienten vertraut ist. Dieser kann zum Beispiel erklären, dass das Glaubensbekenntnis auch von der Person gesprochen werden kann, deren Stimme dem Patienten am meisten Seelenfrieden schenkt."

Woher wissen Menschen, wer ihnen am meisten Seelenfrieden schenken kann?

„Das spüren sie. Stell dir vor, eine sterbende Frau hat fünf Brüder und drei Schwestern. Unter ihnen gibt es sicher jemand bestimmten, den sie dazu auswählen würde. Jeder in der Familie möchte diese Person sein, denn jeder möchte helfen, aber die Sterbende selbst weiß immer im tiefsten Inneren, wer es ist. Das gilt auch für die Familie."

Was macht also die Person, die am meisten Seelenfrieden schenken kann?

„Er oder sie flüstert das Bekenntnis dem zwischen Leben und Tod schwebenden Patienten ins Ohr."

Wie läuft das bei sterbenden Menschen mit Demenz ab?

„Das ist eine andere Geschichte. Wenn die kognitiven Fähigkeiten so sehr beeinträchtigt sind, dass jemand Gut und Böse nicht mehr voneinander unterscheiden kann, fällt er unter die „Nicht-mehr-Wissenden". Das Glaubensbekenntnis ist dann nicht verpflichtend, denn die Fähigkeit, Gut und Böse zu unterscheiden, ist eine Grundvoraussetzung, um Entscheidungen treffen zu können. In einem solchen Fall kann man auch häufig beobachten, dass Angehörige ihm das Bekenntnis ins Ohr flüstern. Kommen sehr viele Familienmitglieder für diesen Moment, kann der Trubel im Zimmer den Sterbenden verängstigen. Unabhängig von der Demenz ist das ohnehin auch etwas, das man immer mit dem Vertreter besprechen sollte. Dieser ist oft für ein solches Gespräch offen. Der Glaube will den Menschen in der Sterbephase Seelenruhe schenken und ihm keine Angst oder keinen Kummer machen. Das zu besprechen, ist wichtig."

Bulut nickt mir augenzwinkernd zu: „Der Patient steht im Zentrum, Sander, auch im Islam."

Hilya, eine 65-jährige niederländische Muslimin, hat eine aggressive Form von Dickdarmkrebs mit Metastasenbildung. Sie ist sehr traurig, dass sie ihre 14 Enkelkinder nicht mehr aufwachsen sehen wird, aber sie reagiert oft auch lakonisch auf die Situation: „Tun wir nicht so, als wäre ich in der Wiege erstickt." Sie bereitet sich offen und sorgfältig auf ihre Sterbephase vor, spricht mit ihren Familienmitgliedern, einem geistlichen Oberhaupt, dem Hausarzt (ebenfalls ein Muslim) und mit der Palliativschwester des Krankenhauses, in dem sie ihre lebensverlängernde Chemotherapie erhält. Alle Beteiligten sprechen sich auch einmal untereinander ab. Das verläuft gut. Hilya möchte, dass man ihr etwas Morphin gibt, wenn die Schmerzen zu stark werden, aber nicht zu viel, da sie Halluzinationen vermeiden möchte. Wenn das Morphin nicht mehr ausreichend hilft, möchte sie sediert werden. Sie hat ein gutes Gefühl dabei, nachdem sie von ihrem Hausarzt darüber aufgeklärt worden ist, dass sie dann immer noch an der Krankheit sterben wird, nicht durch die Medikamente. Über Sterbehilfe will und braucht sie nicht nachzudenken. Das ist im Islam wie in allen anderen Weltreligionen verboten.

Als die Palliativschwester einem Arzt im Krankenhaus, den sie beim Essen trifft, von Hilya erzählt und dabei auch das Verbot von Sterbehilfe zur Sprache kommt, sagt er: „Und was ist dann mit all diesen Selbstmordanschlägen?" Die Krankenschwester starrt ihn an. „Was ist denn?", fragt er pikiert. „Ich bin nicht der einzige Arzt, der sich das fragt." Sie steht auf und stellt wutentbrannt ihre Sachen auf das Tablett. Bevor sie geht, sagt sie: „Selbstmordattentate sind bei Muslimen ebenfalls verboten. Nur damit du es weißt. Ein Gespräch mit dem geistlichen Oberhaupt von Hilya würde dir guttun. Denk mal darüber nach, um deiner eigenen Patienten willen, die, wie ich annehme, auch nicht mehr alle Jansen oder De Vries heißen."

„Wenn Ärzte und Pflegekräfte der Welt, in der religiöse Patienten leben, Aufmerksamkeit schenken, kann ein Sterbeprozess friedlich verlaufen. Auf der Intensivstation unseres Krankenhauses in Tilburg haben wir im letzten Monat bei Patienten mit islamischem Hintergrund viermal lebenserhaltende Maßnahmen wie etwa die künstliche Beatmung eingestellt. Ich weiß natürlich, dass solche Entscheidungen in Krankenhäusern überall in den Niederlanden noch immer oft zu Streitigkeiten führen, aber hier ist es gut gelaufen, auch, weil das Familienoberhaupt miteinbezogen wurde. Eine der Familien wollte gern noch einen letzten Scan des Gehirns, um zu sehen, wie es aussieht. Das war für sie wichtig, um Abschied nehmen zu können. Der Intensivmediziner sagte: ‚Medizinisch gesehen hat das keinen Mehrwert, aber ich werde es trotzdem für Sie tun, auch weil das gut ist für den Patienten; er braucht Ruhe an seinem Sterbebett, um friedlich gehen zu können.' Das ist die richtige Umgangsweise mit einem solch einschneidenden Schritt.

Was ich für wichtig halte: Mach als Arzt immer deutlich, dass du die Entscheidung triffst, beispielsweise für eine Sedierung oder einen aktiven Abbruch einer Operation, und du die Verantwortung dafür trägst, nicht der Patient. Erkläre auch, dass es dir als Arzt gesetzlich untersagt ist, medizinisch sinnlose Behandlungen fortzusetzen. Auf diese Weise verhinderst du, dass Angehörige dem nicht zustimmen können oder dürfen oder sich dem aufgrund von Schuldgefühlen widersetzen, weil sie meinen, mitentscheiden zu können oder zu müssen."

Bei Patienten und Angehörigen mit muslimischem Hintergrund merke ich manchmal, dass sie die Bewusstseinsminderung durch palliative Sedierung doch als Sterbehilfe betrachten.

„Das kommt häufiger vor. Ich denke, wir sollten es einfach Sedierung nennen, denn die Bezeichnung als palliative Sedierung geht manchmal einen Schritt zu weit. Worte sind bedeutungsvoll, das ist eine meiner wichtigsten Botschaften. Die richtigen Formulierungen tragen zur Vertrauensbildung bei. Wenn in einer Beziehung zwischen Arzt und Patient kein Vertrauen mehr herrscht, scheitert die Behandlung – ob sie nun kurativ oder palliativ ist. Das kann in einem großen Konflikt mit vielen Beteiligten und unschönen Szenen enden. In einem solchen Moment kann ein Arzt seine Sorgfaltspflicht nicht mehr erfüllen, weil er nicht mehr das Heft in der Hand hat. Man kann dann zwei Wege einschlagen: 1. Den Patienten verlegen. 2. Deutlich machen, dass man eine Fürsorgepflicht hat: ‚Geben Sie uns den Freiraum, das zu tun. Wenn wir das nicht schaffen, müssen wir Ihren Angehörigen verlegen, denn dann können wir unsere Verantwortung nicht wahrnehmen und unsere Fürsorgepflicht nicht erfüllen.' Meistens schrecken die Angehörigen davor zurück. Ich weiß von einer Situation, in der ein Arzt der Familie ruhig sagte: ‚Wir kündigen Ihnen unser Vertrauen auf.' Die Familie war schockiert. Sie haben dem Arzt dann versichert, dass sie doch Zutrauen zu ihm haben, aber am Ende wurde der Patient trotzdem verlegt.

Wir beobachten manchmal zudem, dass Menschen in ihr Herkunftsland zurückkehren, um die Behandlung dort fortzusetzen, auch weil in bestimmten Bevölkerungsgruppen in den Niederlanden die Vorstellung verbreitet ist, dass man hier schnell auf Abschiednehmen, auf Behandlungsabbruch zusteuert."

Auch hier werden wohl die falschen Worte oft der Übeltäter sein, nicht wahr?

„Ich denke schon, ja. Das Wort ist Gold wert, aber es kann auch sauer und giftig werden. Das muss nicht so sein. Mein Rat ist, das Gespräch in dieser Weise zu führen: ‚Das ist der Stand der Dinge, das ist das, was ich noch tun kann, ich werde mich weiterhin um Ihren Vater oder Ihre Mutter kümmern, aber inzwischen ist die

Situation ernst, ich möchte, dass Sie das verstehen.‘ Die Menschen wollen nicht immer wissen, woran sie genau leiden, wie ernst es ist, dass sie sterben werden. Das ist ihr gutes Recht. Aber was alle Patienten unabhängig von ihrem Hintergrund wollen, ist das Gefühl, dass sie bei ihrem Arzt in guten Händen sind, dass sie begründetes Vertrauen in ihn haben können.“

8. Die Vielschichtigkeit des Sterbens

Ineke Visser vom *Landelijk Expertisecentrum Sterven (Nationalen Kompetenzzentrum Sterben)* über die Schönheit guten Sterbens

Am Ende eines langen Arbeitstages, an dem ich in der Ambulanz in fünf Gesprächen Menschen die schlechte Nachricht überbringen musste, dass sie nicht mehr länger als ein Jahr zu leben haben – darunter eine 46-jährige Frau –, führe ich ein Zoom-Gespräch mit Ineke Visser. Als Präsidentin des *Nationalen Kompetenzzentrums Sterben* kann sie sachkundig davon berichten, was sie „die Vielschichtigkeit des Sterbens" nennt. Das Sterben ist nun einmal nicht nur ein körperlicher Prozess. Es ist auch eine emotionale und geistige Anstrengung *und* ein spirituelles Ereignis. Die soziale Dimension hat ebenfalls großen Einfluss.

Ich beginne damit, etwas über die Gespräche zu erzählen, die ich gerade hinter mir habe und in denen es hauptsächlich um lebensverlängernde Behandlungen ging. In zwei Fällen hatten die Patienten und ihre Partner bereits gemeinsam einen umfassenden Behandlungsplan zusammengegoogelt. „Das Sterben an einer tödlichen Krankheit ist, wie du natürlich weißt, in der Gesellschaft hochgradig medikalisiert worden", sagt Ineke. „Der Schwerpunkt liegt auf dem Körperlichen: den Symptomen, Lösungen, Nebenwirkungen der Lösungen, Lösungen für die Nebenwirkungen, neuen Behandlungen, experimentellen Behandlungen. Aber wir haben nicht nur einen physischen Körper, wir sind auch emotionale, spirituelle Wesen mit Gedanken und Überzeugungen. Diese Vielschichtigkeit spielt beim Sterben eine Rolle, was im Grunde eine zutiefst menschliche Erfahrung ist."

Ich sage ihr, wie gut es wäre, wenn wir alle damit wieder vertrauter wären. Wir leben länger, wir sterben auch länger, aber dieses Sterben vollzieht sich größtenteils außerhalb unseres Blickfelds: in Krankenhäusern, Altenheimen, Pflegeheimen, Hospizen und anderen Einrichtungen.

Das sieht Ineke genauso. „Früher starben auch unheilbar Kranke meist zu Hause. Familienmitglieder, Freunde, Verwandte und andere Menschen, die zur Gemeinschaft gehörten, gingen ein und aus, um zu helfen, sie alle waren am Sterbeprozess beteiligt.

Das ist immer seltener der Fall. Die Individualisierung, der steigende Wohlstand und die Entwicklungen in der medizinischen Wissenschaft haben zu der heutigen fixen Idee von Machbarkeit geführt, in die wir Vertrauen setzen. Ich stehe am Ruder meines Lebens, meine individuellen Entscheidungen bestimmen den Kurs, und Naturkatastrophen und Unglücksfälle müssen und können mit allen Mitteln bekämpft werden – und davon gibt es immer mehr. Wir haben uns so sehr an die Möglichkeit gewöhnt, länger zu leben, dass sich Sterben und Tod immer weiter von uns entfernt haben."

Dabei würdest du dir eigentlich wünschen, dass längeres Leben und gutes Sterben im Einklang miteinander stünden, statt sich gegenseitig auszuschließen.

„Das wäre schön, ja, aber durch die Individualisierung und den Machbarkeitsglauben haben rationale Werte die Oberhand gewonnen: Autonomie, Selbstbestimmung, Eigenregie. Und das, obwohl Sterben kein rationaler Prozess ist. Es ist ein relationaler und spiritueller Prozess, in dem es vor allem um Intimität, Verbundenheit, Heilung und Abschied geht.

Wenn heute von einem ‚würdevollen Sterben' die Rede ist, wird ‚würdevoll' oft synonym mit ‚kontrolliert' und ‚beherrscht' verwendet. Aber Sterben ist etwas, das mit uns geschieht. Der Tod hat die Regie, wenn man selbst nicht aktiv eingreift. Wir haben verlernt, uns ihm anzuvertrauen. Aufgrund des Gewichts, das Medien und Politik auf das Thema aktive Sterbehilfe und wann ein Leben vollendet ist legen, hat sich heute die gesellschaftliche Wahrnehmung etabliert, dass Sterben per definitionem unerträgliches Leiden ist und dass man sich entscheiden muss, wann und wie man stirbt."

Gelegentlich wirft man mir vor, ich würde den natürlichen Tod romantisieren. Trifft dich dieser Vorwurf auch?

„Ich möchte gerade den wesentlichen und wertvollen Erfahrungen, die auf individueller Ebene existieren, mehr Gehör verschaffen. Nicht um den Sterbeprozess zu romantisieren, denn das kann mit Leid verbunden sein: Es gibt Schmerzen, Verfall und Kontrollverlust. Menschen können Ekel, Angst, Unsicherheit, Wut, Verwirrung und Panik erleben. All das will ich nicht leugnen. Zu sterben, das Leben loszulassen, ist und bleibt eine riesige Aufgabe. Das heißt aber nicht, dass es daneben nicht auch Schönheit, Wärme und Frieden geben kann. Auch ein schweres Sterben birgt schöne, liebevolle Momente."

Vor einigen Jahren forschte Ineke in den Niederlanden zu Phänomenen am Sterbebett – im Rahmen einer großen internationalen Studie, die der bedeutende britische Neuropsychiater und Neurophysiologe Peter Fenwick zu diesem Thema gestartet hatte. Ihr fiel auf, dass viele Menschen am Sterbebett außergewöhnliche Dinge erleben, über die sie nicht zu sprechen wagen, aus Angst, als verrückt oder romantisierend abgetan zu werden. Auch Beschäftigte im Gesundheitsbereich sprachen mit ihr über schöne Erlebnisse, die sie ansonsten für sich behielten, weil sie das Urteil der Kollegen fürchteten.

Ineke selbst weiß aufgrund ihrer eigenen Erfahrungen im Hospiz, in dem sie arbeitet, genau, wovon diese Beschäftigten sprechen. Oder wie sie es ausdrückt: „In einem Hospiz ist das Sterben das Ziel. Ich habe gelernt, es als einen wertvollen, wesentlichen Prozess zu sehen. In dieser Atmosphäre kann man durch den Kontakt mit Menschen, die an der Grenze zwischen Leben und Tod schweben, und von ihren Angehörigen viel lernen."

Marius liegt in einem Hospiz im Sterben. An seinem Bett sitzt sein Sohn, ein erfolgreicher Geschäftsmann. Viel beschäftigt, rational, zielstrebig und mit einer teuren Uhr am Handgelenk, auf die er oft schaut. Seit ein paar Tagen ist Marius an der Grenze zwischen Leben und Tod. Er bekommt kein Morphin, denn zu Beginn seiner Sterbephase hat er gesagt, dass er keine großen Schmerzen habe. Die meiste Zeit scheint Marius weit weg zu sein. Manchmal ist er plötzlich hellwach. Dann blickt der Sohn auf: „Hey Papa, ich bin hier." Er sitzt den ganzen Tag neben seinem Vater, klagt nicht, wirkt nicht ungeduldig.

Eines frühen Morgens, der Sohn ist gerade hereingekommen, dreht Marius ihm das Gesicht zu und schaut dann in eine Ecke des Zimmers. Wie aus heiterem Himmel und nicht im Geringsten verwirrt sagt er: „Margje ist hier." Margje ist seine verstorbene Frau. Der Sohn wendet sich der Ecke zu, nickt, sieht seinen Vater wieder an und sagt: „Wie wunderschön, Papa."

Dieser Sohn akzeptierte augenblicklich, was sein Vater sah und fühlte. Es gab keinen Zweifel, keine Frage, ob das wahr oder falsch sei, kein Widerwort, kurzum: keine rationale Reaktion, obwohl er Margje nicht sah. Er sah jedoch, dass diese Wahrnehmung eine beruhigende Wirkung auf seinen Vater hatte, und so wurde es auch für ihn zu einem bedeutungsvollen Moment.

Ineke erzählt, dass viele Sterbende sagen, sie sähen irgendwo im Zimmer verstorbene geliebte Menschen, die zu ihnen kommen, um sie zu beruhigen und zu trösten. Sie beobachtet auch, dass Menschen mit einem etwas längeren Sterbeprozess oft in verschiedenen Realitäten leben. Manchmal sind sie einfach im Zimmer und man kann mit ihnen noch über Dinge reden, die auch für alle anderen verständlich sind: „Sollen wir das Fenster ein wenig öffnen, denn es ist schönes Wetter; schön, dass Cousin Herbert da war und Blumen mitgebracht hat." In anderen Momenten scheinen sie hingegen in einer anderen Welt zu sein, ohne im Koma zu liegen. Und plötzlich sind sie dann wieder da. „Ich kann mich an eine Frau im Hospiz erinnern, die von weit her zurückkam. Sie sagte: ‚Oh, hey, ich bin wieder hier. Ich dachte, ich wäre schon im Himmel. Schade.' Sie beschrieb einen ruhigen, von Liebe erfüllten Ort, an dem *sie* sich zwar befand, ihr körperlicher Schmerz aber nicht. Solche subtilen, nicht greifbaren Sinneseindrücke kommen häufig vor. Es geht dabei nicht darum, festzustellen, ob etwas wahr ist oder nicht, Zufall oder kein Zufall, denn das sind Überlegungen des Verstandes."

Verstehst du das unter Vielschichtigkeit des Sterbens?

„Unter anderem, ja. Es ist die Schicht im Sterbeprozess, über die wenig nach außen dringt, auch weil man nicht für einen Menschen gehalten werden will, der Geister sieht."

Mir hingegen scheint das für Sterbende ein Geschenk zu sein. Ich selbst wäre total beruhigt, wenn meine Mutter an meinem Sterbebett erschiene.

„Die Angst vor dem Tod vermindert sich dadurch, mit Sicherheit. Manchmal verschwindet sie sogar ganz. Vorausgesetzt, man ist nicht zu versessen darauf, hierzubleiben und noch alles Mögliche zu erledigen."

Ein weiteres gutes Beispiel für einen schwer fassbaren Sinneseindruck am Sterbebett ist die terminale Luzidität, ein bekanntes Phänomen, bei dem Menschen kurz vor dem tatsächlichen Sterben plötzlich ganz klar werden. Sie nehmen beispielsweise deutlich und verständlich von ihren Angehörigen Abschied, obwohl sie schon seit Tagen nicht mehr bei Bewusstsein waren.

Ich habe dies bei meiner Mutter erlebt, die an einem Hirntumor starb. Nach einem tiefen Koma von sechs Tagen wurde sie in den letzten zwei Minuten ihres Lebens richtig wach. Sie öffnete die Augen und schaute, ohne etwas zu sagen, jeden von uns an, bis sie bei meinem Vater ankam. Das war ihr letzter Blick. Dann schloss sie die Augen, einige Momente später war sie tot. Zuerst dachte ich: Das muss eine Reaktion des zentralen Nervensystems sein – ich versuchte sofort, es physisch zu erklären.

Zum Glück erfasste mich am Ende ein Gefühl tiefer Ergriffenheit. Dennoch spreche ich selten über diesen Moment, weil ich manchmal noch immer denke: Bin ich da verrückt gewesen? Ich weiß ziemlich gut darüber Bescheid, was beim Sterben physisch möglich ist, und das, was mit meiner Mutter geschah, kann physisch betrachtet eigentlich nicht sein. Und doch: Ich habe es gesehen. Meine Brüder, meine Schwester und mein Vater haben es ebenfalls gesehen. Wir haben nicht alle herumgesessen und waren verrückt.

Ineke lächelt. „Es muss tief beeindruckend und ergreifend gewesen sein, sowohl für deine Mutter als auch für dich. Ihr half es bestimmt bei ihrem letzten Schritt. Für sie war es gut zu sehen, dass sie für den Tod bereit war, dass sie ihren Frieden damit gemacht hatte. Für die Trauer der Angehörigen ist das ebenfalls wichtig.

Im Hospiz begegnete ich einmal einer älteren Dame, durchscheinend wie ein Engel, so zartgliedrig war sie durch ihre Krankheit geworden. Sie war schon längere Zeit nicht mehr bei Bewusstsein. Eines Tages, als ich im Kreis der Familie saß, öffnete sie die Augen. Genau so, wie du es erzählst, Sander, schaute sie jeden an, schweigend. Dann richtete sie sich aus eigener Kraft auf, breitete die Arme aus, und ein Lächeln ging über ihr Gesicht. Dann ließ sie sich in die Kissen zurücksinken und starb. Körperlich war das kaum möglich, so zerbrechlich wie diese Frau war, aber sie tat es, wir haben es alle gesehen."

Linus, ein 87-jähriger Mann, steht kurz vor seinem Tod. Seit zwei Jahren leidet er an einer Gesichtslähmung, wodurch er die Augen nicht mehr öffnen kann. Er ist nicht blind, und geistig geht es ihm ebenfalls gut, er kann nur seine Augenlider nicht heben. Seine Frau, seine Kinder und seine Freunde konnte er die ganze Zeit über nicht ansehen – bis die letzten Minuten seines Lebens anbrachen. Linus öffnet beide Augen, sieht seine Frau an, dann seine Kinder und nickt ihnen zu. Dann schließt er die Augen wieder. Zehn Minuten später ist er tot.

Linus' Kinder berichten den Ärzten davon, die sich um ihren Vater gekümmert haben: einem Augenarzt, einem Neurologen, dem Arzt des Pflegeheims, einem befreundeten Hausarzt, der regelmäßig bei ihm vorbeischaute. Bis auf den befreundeten Hausarzt suchen sie alle nach medizinischen Erklärungen für dieses Phänomen: Reflexe, Krämpfe, etwas mit seinen peripheren Nerven. Keiner von ihnen sagt: ‚Wie schön, dass euer Vater euch doch noch einmal ganz von sich aus ansehen konnte.' Für die Kinder war das ein Schlag ins Gesicht. Sie wollten Anerkennung für das, was sie gesehen hatten: einen Vater, der in Würde von seiner Familie Abschied nehmen wollte.

Ich halte das für eine aufschlussreiche Geschichte. Unser Fixiertsein auf die Machbarkeit, mit der wir alles beherrschen wollen, steht im Widerspruch zu den Mysterien des Sterbens. Wir sollten froh sein, dass es Menschen gibt, die diese Mysterien bemerken, statt ihnen mit Unglauben zu begegnen oder sie mit einem medizinischen Handbuch zu erschlagen. Jeder sollte mit Empathie auf eine solche Geschichte reagieren können. Man muss selbst nicht sensibel für Spiritualität sein, um die Bedeutung zu erkennen, die sie für jemanden haben kann. Nehmen wir den Geschäftsmann, von dem Ineke erzählt hat. Sein Vater sah Margje, also war Margje auch für ihn da. Punkt. Wir sollten diese Geschichten unangetastet lassen, auch wegen ihrer Wirkung: weniger Todesangst und eine größere Ruhe dem gegenüber, was einem bevorsteht.

Wenn ich auf den Verlust meiner Mutter zurückblicke, dann sind da Trauer und Vermissen und manchmal noch Schmerz über ihr Leiden. Gleichzeitig gibt es aber auch Raum für die Schönheit ihres Sterbens, für die Gespräche, die wir als Familie in diesen Tagen führten, und für das Geschehen, das wir in ihren letzten Minuten beobachten konnten: die Art und Weise, wie sie uns alle ansah. Der Abschied war phänomenal. Das klingt vielleicht pathetisch, aber so empfinde ich es.

Ineke hält es nicht für pathetisch. „Wenn man das alles im Zusammenhang betrachtet, haben diese Geschichten nichts mit Romantik zu tun oder damit, dass man alles schöner machen will. Es ist einfach realistisch, einen Blick für alles zu haben, was an Sterbetagen geschieht. Wir schmälern den Schmerz und das Leid nicht, wenn wir das Sterben auch schön finden, oder wie du sagst: phänomenal. Wir können auch für etwas dankbar sein, das teils schrecklich und teils gut und voller Liebe war."

Ich habe manchmal auch den Eindruck, dass eine Art Sterbensscham entsteht: „Oh, tut mir leid, dass ich beinahe nicht mehr existiere, wie konnte ich es nur so weit kommen lassen, habe ich den Machbarkeits-Bus verpasst?" Ich kenne mehrere Patienten, die niemandem erzählen wollen, dass sie einen metastasierenden Tumor haben.

„Es passt nicht zu dem Bild von uns selbst, stark, gesund und Herr der Lage zu sein. Es ist auch eine schwierige Aufgabe, sich dem Drang zu entziehen, alles beherrschen zu wollen, denn so ist die Gesellschaft nun einmal konditioniert: Wir wollen verbessern, beschleunigen, hinausschieben, eingreifen, und es gibt immer mehr Möglichkeiten, dies auch zu tun. Glücklicherweise wird unter Ärzten der Tendenz, zu behandeln, zu behandeln, zu behandeln, immer häufiger Einhalt geboten, nach dem Motto: Wir müssen nicht alles tun, was möglich ist. Selbst wenn es noch lange keine Selbstverständlichkeit ist, Behandlungen, die es gibt, nicht durchzuführen, aus der Überlegung heraus: Lasst uns den Tagen mehr Leben geben, statt umgekehrt dem Leben mehr Tage."

Derselbe Drang, alles zu beherrschen, kann auch in die entgegengesetzte Richtung weisen: Eingreifen, um dem Leiden durch eine aktive Beendigung des Lebens zuvorzukommen, und das in zunehmendem Maß, indem man selbst ohne ärztliche Hilfe mit online bestellten Pillen und Getränken, die zum Tod führen, ans Werk geht.

Auch innerhalb des *Nationalen Kompetenzzentrums Sterben* ist dies ein viel diskutiertes Thema, sagt Ineke. „Das Sterben so lange wie möglich hinauszuzögern oder zu glauben, dass wir uns entscheiden müssen, um dem Leiden ein Schnippchen zu schlagen – beides hängt mit der Angst zusammen, sich in das Unvermeidliche zu ergeben. Ich bin in der Frage, was gut ist und was nicht, nicht festgelegt, ich bin auch nicht gegen Sterbehilfe, das sind schließlich sehr persönliche Entscheidungen, aber ich bin sehr wohl dafür, dass wir lernen, dem Sterben offener zu begegnen, gerade wenn wir diese Entscheidungen treffen. Man sollte sich fragen, was die eigenen Beweggründe für ein Eingreifen sind. Und sich Zeit nehmen, um sorgfältig über Argumente wie ‚Ich möchte das Heft in der Hand behalten', ‚Ich möchte in Würde sterben' und ‚Der Krebs hat mich oft überlistet, jetzt bin ich dran' nachzudenken. Gegen diese Beweggründe ist nichts einzuwenden, überhaupt nichts, aber man sollte die andere Möglichkeit, mithilfe einer guten, rechtzeitigen Palliativversorgung zu sterben, nicht zu schnell außer Acht lassen."

Um in der Gesellschaft mehr Raum für alle Ebenen des Sterbens zu schaffen, wünscht sich Ineke ebenso wie ich, dass das Wissen und die Weisheit über den Sterbeprozess in viel größerem Ausmaß Verbreitung findet. Dann würden die Menschen vielleicht mehr darüber nachdenken und sprechen, bevor der Tod tatsächlich in ihr Leben tritt. Die Schwierigkeit besteht darin, dass die Menschen dem Tod lieber aus dem Weg gehen, bis sie in nächster Nähe mit ihm konfrontiert werden.

„Vermeidung ist ein mächtiges Werkzeug, daran kommt man nicht so einfach vorbei", sagt Ineke. „Das hat auch viel mit der Angst vor den Schmerzen zu tun, die mit der großen Veränderung des Sterbens einhergehen. Ich verstehe natürlich, das viele Menschen das vermeiden wollen, und ich habe auch Verständnis dafür. Mir fällt es so viel leichter über den Tod zu sprechen, weil ich mich, ebenso wie Sander, so intensiv damit beschäftige, aber in meinem

Alltag – wenn ich einkaufen gehe, die Pflanzen gieße oder einen neuen Pullover anprobiere – beschäftige ich mich auch nicht mit meiner Sterblichkeit. Dass ich mir ihrer tief in meinem Inneren ständig bewusst bin, liegt mit daran, dass der Tod meine Arbeit ist. Dieses Maß an Bewusstheit können wir von einem durchschnittlichen Menschen nicht erwarten. Er ist davon ziemlich weit entfernt, nicht, weil er oberflächlich wäre, sondern weil das tägliche Leben ihm schon so viel abverlangt.

Ich verstehe auch, dass es enormen Widerstand gibt, über den Tod und das Sterben zu sprechen, denn damit öffnet man die Tür zu dem Bewusstsein, dass man eines Tages alles verlieren wird, woran man sich festhält. Deinen physischen Körper, an dem du hängst und auf den du dich verlassen kannst. Deine Beziehungen, deine Lieben – alles, was du dir mit anderen Menschen aufgebaut hast. Dein Denkvermögen, der sichere Hafen deiner Gedankenwelt, über den du und nur du allein verfügst, der Ort, an dem du deine Geheimnisse, deine Beobachtungen, deine Erinnerungen, deine Träume, deine Assoziationen aufbewahrst. Mit anderen Worten: Es ist eine ganze Menge, von dem man sich verabschieden muss. Eine Bestandsaufnahme des Lebens, das man bereits gelebt hat, mit allem, was getan oder zurückgelassen wurde, braucht Zeit und sieht bei jedem anders aus. Natürlich ruft das widersprüchliche Gefühle hervor: Widerstand, Ohnmacht und doch auch den Wunsch nach Annahme. Und natürlich kann das ein unglaublich komplizierter Weg sein. Wir sollten dem immer mit Mitgefühl begegnen, auch in unserer Mission, dem Sterben mehr Aufmerksamkeit zu schenken."

Wobei wir dann hoffentlich im Hinblick auf unheilbare Erkrankungen doch die Balance finden zwischen der Fortsetzung der Behandlung, um das Leben noch etwas länger zu leben, und dem Raum für Gedanken, Gefühle und Gespräche über alle „Schichten" des Todes.

„Wenn die Menschen dieses Gleichgewicht finden können, wird das während des Sterbeprozesses wahrscheinlich ihnen und ihren Angehörigen guttun. In der fantastischen Kampagne von SIRE (*Stichting Ideële Reclame: Stiftung Ideelle Reklame*), die erreichen will, dass in der Gesellschaft mehr über den Tod gesprochen wird, stellte sich heraus: Mehr als die Hälfte der Niederländer hätte sich gerne von einem Verstorbenen auf bessere Weise verabschiedet, indem sie mit ihm über den Tod gesprochen hätten. Ich finde diese Zahlen erschreckend. Eine riesige Anzahl von Menschen geht also nicht in Verbundenheit mit anderen dem Lebensende entgegen. Das finde ich schlimm, denn das könnte auch anders sein. Wenn man neben der Trauer und dem Verlust auch Dankbarkeit darüber spürt, wie das Sterben abgelaufen ist, kann man ruhigen Mutes und friedvollen Herzens mit dem Sterben an sich umgehen."

Anmerkungen

1 DeLillo, Don: Weißes Rauschen, Übers. Helga Pfetsch, München: Goldmann 2006, S. 190

2 Gebet für einen Arzt (orginal: Gebed voor een arts) von Ester Naomi Perquin, aus: Ongevraagd advies (Unerbetener Rat), Uitgeverij Van Oorschot, 2022, übersetzt von Bärbel Jänicke.

3 In Deutschland stirbt beinahe die Hälfte (44%) der Menschen im Krankenhaus (Stand 2023), wobei die Zahl derer, die die letzten Tage zu Hause verbringen, in den letzten Jahren um 10% auf 34% gestiegen ist. Quelle: ARD alpha: Wo wir sterben wollen, https://www.ardalpha.de/wissen/psychologie/wie-wir-sterben-der-tod-soll-sanft-sein-abschied-100.html, abgerufen am 05.07.2024.

4 Der Hausarzt hat im niederländischen Gesundheitssystem eine andere, viel bedeutsamere Stellung als in Deutschland. Er kennt die Patienten meist über Jahre und auch bei der Bitte um Sterbehilfe ist die Einschätzung des Hausarztes bedeutsam.

5 Atul Gawande: Sterblich sein, Frankfurt a. Main 2015, S. 21

6 In den Niederlanden ist das Poliklinik-System weitverbreitet. Wenn hier im Buch von Sprechstunden in der Ambulanz die Rede ist, ist damit die reguläre ambulante Sprechstunde in einer Poliklinik gemeint und keine Notaufnahme oder Ähnliches.

7 In Deutschland sind es 3,4 Millionen Menschen. Quelle: Gesundheitsatlas COPD Deutschland: https://www.wido.de/publikationen-produkte/buchreihen/gesundheitsatlas/gesundheitsatlas-copd/, abgerufen am 05.07.2024.

8 In Deutschland starben im Jahr 2022 7.958 Menschen an COPD mit akuter Infektion der unteren Atemwege. Quelle: Statista, Todesfälle aufgrund chronisch obstruktiver Lungenkrankheiten, https://de.statista.com/statistik/daten/studie/1044166/umfrage/todesfaelle-aufgrund-chronisch-obstruktiver-lungenkrankheiten/, abgerufen am 05.07.2024.

9 In Deutschland starben im Jahr 2022 1.066.341 Menschen, in den Jahren davor lag die Zahl der Todesfälle etwas niedriger (985.572 im Jahr 2020 und 1023.687 im Jahr 2021). Im Jahr 2023 ist die Zahl wiederum etwa auf das Niveau von 2021 gesunken. Quelle: Statista, Anzahl der Sterbefälle in Deutschland von 1991 bis 2024, https://de.statista.com/statistik/daten/studie/156902/umfrage/sterbefaelle-in-deutschland/, abgerufen am 05.07.2024.

10 SCEN steht für Steun en Consultatie Euthanasie Nederland, auf Deutsch: Unterstützung und Beratung bei aktiver Sterbehilfe Niederlande.

11 In Deutschland ist, anders als in den Niederlanden, die aktive Sterbehilfe gesetzlich verboten und strafbar.

12 In Deutschland hatte 2023 knapp jeder dritte Deutsche einen Migrationshintergrund (29,7% der Gesamtbevölkerung). Quelle: Bundeszentrale für

politische Bildung: Bevölkerung mit Migrationshintergrund: https://www.bpb.de/kurz-knapp/zahlen-und-fakten/soziale-situation-in-deutschland/61646/bevoelkerung-mit-migrationshintergrund/, abgerufen am 05.07.2024.